# 黑暗的角落

獄政管理「矯正教化與假釋更生」
施行之改革【增訂版】

王健驊 著

# 序文

銘傳大學／明暉法律事務所

陳明暉　教授／律師

　　法律實為保護懂得法律的人。因之，權利之維護則取決於
對司法程序與法律訴訟之理解，以及對自身應有權益維護的
堅持！

　　刑事實體法規範國家刑罰權之成立要件及其刑罰內容。是
故刑法與刑事訴訟法即是確定國家具體刑罰權之基砥。我國憲
法強調限制人民身體自由之處置，應以法律規定，且其內容更
需實質正當；因之對於法治國所保障的人民自由與權利，故司
法訴訟程序與刑罰之執行，不但要發現真實，更必須確切遵守
程序正義，並應兼顧保障人權。

　　就王健驊先生其《黑暗的角落──獄政管理「矯正教化
與假釋更生」施行之改革【增訂版】》著作之彙編，係參據刑
法、刑事訴訟法、監獄行刑法、行刑處遇累進條例等相關法

律、法規；並援引美國、德國、日本、澳洲等現行「矯正教化與假釋更生」制度之施行，對比我國獄管制度之施行實況為彙編，均有多元化與實用性之釋述，實為一本綜合司法與獄政管理實務論述之參考工具書。

依據監獄行刑法的規定，行刑的三大領域是教化、作業及戒護，然而實際上我國矯正政策目標在隔離（剝奪自由），並非教化或矯治，整體而言，矯正機關管理成效表面上尚可，但以政府投入矯正機關之資源與心態來看，政府矯正政策目標約略只想讓監所成為「隔離犯罪人」之處所，「剝奪收容人之自由」為目標，並不期待具有矯治犯罪或減少再犯之效果。換言之，我國矯正政策若一向強調戒護與教化並重，以目前之資源配置與管理實務來看，口號多於實踐。

以高雄大寮監獄挾持典獄長後自盡事件，凸顯獄政管理出現重大疏失，事實上高雄大寮監獄可說是台灣監獄的縮影，其管理缺失包括：

（一）人力與經費不足，超收問題嚴重，（二）收容人作業金過低，職訓項目極少，教化只是裝飾品而已，（三）收容人不清楚假釋標準與被駁回理由。究其真實，係行政院未積極面對加以改善，更從未認真要求法務部積極就相關獄管刑事法等為修法之推動，以改善監所的經費與人力需求的窘境。

於王健馹先生《黑暗的角落──獄政管理「矯正教化與假

釋更生」施行之改革【增訂版】》著作之彙編，實已凸顯出現今獄政管理更嚴重的是在刑法「重刑化政策」下，當前各矯正機關（監／所）每年收容人數不斷的增加（尤其公共危險罪、不能安全駕駛罪、毒品罪六個月以下有期徒刑者），造成監獄全部嚴重超收；而於法務部目前興建中、規劃中及遷建中之監獄計畫，實緩不濟急；且就相關矯正機關（監／所）預算逐年的下降，人事預算為主要支出，而教化相關預算不足總預算之1%最為嚴重。

一個自由民主社會的存續，有賴於「正義以法治為本」之體認；而法制奠基於尊重個人尊嚴，與個人有理性能力行開明自治。以此為基礎的法律，方得以使正義得以成為可能。然而長期以來，國人普遍缺乏獨立判斷的法學教養，在面對司法獄政亂象時，失去了權衡整體制度及其社會脈絡的根據。而司法獄政體制之僵化與為官僚，連帶使我們司法獄政之教育和考選，完全忽視了法律與社會相互詮釋下必然之脈動。王健騂先生《黑暗的角落──獄政管理「矯正教化與假釋更生」施行之改革【增訂版】》著作之彙編，旨在冀望司法獄政管理之施行，能夠真正走出抽象法律的象牙塔，能認真思考社會正義與價值的問題，這才是法治的精神所在；否則個人權利必將受制於無限制的權力左右，對法律的尊重將蕩然無存，理性自治則必淪為空中樓閣！

# 自序

　　《黑暗的角落——獄政管理「矯正教化與假釋更生」施行之改革【增訂版】》著作之彙編，係集結與整合相關法令法規，並綜合具體實務論述；並以法律為基砥架構，藉策略整合方式維護被害人與被告兩造間應有之權益為導引。筆者於三軍大學指參學院及三軍大學／戰研班「指揮與組織管理」畢業。並分於美國OHIO「資料整合研析」、澳洲Melb.「策略危機談判」之研究；復於台灣大學法律研習班12期結業，及真理大學法律學系學／碩士畢業，預於佛羅里達Coastal海濱法學院博士函授之研究。本著作彙編緣啟，肇因筆者親見諸多司法冤抑與法律訴訟程序，及獄政管理實務施行之爭議，深感一般人更常因缺乏充分法律資源之憑藉與策略之整合，而無法爭取到應有基本權益之保障。

　　就《黑暗的角落——獄政管理「矯正教化與假釋更生」施行之改革【增訂版】》著作之彙編，係集結與整合相關刑事法令法規，並綜合具體實務論述；並以法律為基砥架構，藉

策略整合方式維護被害人與被告兩造間應有之權益為導引。
在研究本著作之彙編期程，非常感謝吳景欽教授（輔仁大學法學博士）、刑事法崔汴生教授（美國猶他洲大學法學博士/律師）、與刑事法傅美惠教授（中正大學法學博士）之指導；及摯友「明暉法律事務所主持律師」陳明暉教授（德國慕尼黑大學法學博士），與「明言聯合法律事務所」陳慶瑞律師之輔佐。同時非常感謝澳洲Deakin大學法學院王苡琳、王政皓兄妹，以及真理大學法律學系曾裕翔、凃孟淳同學在資料蒐整上給予之協助，始能圓滿完成這攸關「刑法獄政管理與實務改革」著作之彙編。

　　本著作主在針對獄政管理之實務運作為探討。然而矯正機關（監、所）向來都是受到禁控的場所（封閉隔絕於外），因之外界所能得到的資訊，無非僅能由官方網站得知；而受刑人與更生人親生之經歷，或許成了外界能了解矯正機關（監、所）真實情狀的唯一管道。就本著作之彙編，筆者特別感謝我的摯友江捷中先生，以其受刑人及更生人之親歷，始得以完成本《黑暗的角落——獄政管理「矯正教化與假釋更生」施行之改革【增訂版】》著作之彙編（其雖曾為江湖大哥，惟於接受國家十餘年刑罰假釋後，能於虛表之假釋更生空泛政策下，自為戮力向善，並刻將於真理大學法研所碩士班攻讀進修）。

　　終歸，法治趨勢的走向及延伸，是寬廣與多樣性的，但卻

也受束於「立法者」政治之導因，這也是筆者之所以決定為本《黑暗的角落——獄政管理「矯正教化與假釋更生」施行之改革【增訂版】》著作之彙編。

## 作者法律著作彙編年表

一、勞基法導讀（94年出版）

二、公寓大廈管理實務規範（96年出版）

三、債權確保與債務清償實務教範（97年出版）

四、黑暗的角落——獄政管理實務（99年出版）

五、勞動基準法導讀（101年出版）

王健驊　謹於05月24日2017年

# 目　次

序文／陳明暉　　　　　　　　　　　　　　　　　　　3

自序　　　　　　　　　　　　　　　　　　　　　　　6


第一章　緒論　　　　　　　　　　　　　　　　　　　13
　　第一節　源起及架構　　　　　　　　　　　　　　20
　　第二節　研究目的　　　　　　　　　　　　　　　21
　　第三節　研究方法　　　　　　　　　　　　　　　22
　　第四節　研究限制　　　　　　　　　　　　　　　24
　　第五節　結語　　　　　　　　　　　　　　　　　25


第二章　各國刑罰「矯正教化」施行之淺述　　　　　27
　　第一節　現行矯正機關矯正施行之檢討　　　　　29
　　第二節　矯正教化職業技能培訓之檢討　　　　　38
　　第三節　現行外役監專業技職之培訓　　　　　　47
　　第四節　我國刑罰矯正教化興革諫言　　　　　　54
　　第五節　章節結論　　　　　　　　　　　　　　　65

**第三章　各國刑罰「假釋更生」法制之淺述**　　68

　　第一節　我國假釋制度施行概述　　69

　　第二節　各國假釋制度與施行之淺述　　73

　　第三節　我國更生保護制度施行之概述　　85

　　第四節　我國刑罰「假釋更生」之興革諫言　　87

　　第五節　章節結語　　95


**第四章　刑法重刑化下矯正教化實務之檢討**　　97

　　第一節　重刑化政策中矯正教化規定之修正方向　　98

　　第二節　重刑化政策對矯正教化工作的衝擊　　100

　　第三節　重刑化政策下的未來長刑期受刑人效應　　108

　　第四節　重刑化趨勢下的矯正改革方向　　114

　　第五節　結語　　123


**第五章　結論（檢討與興革建議）**　　125

　　第一節　善待受刑人之正面社會意義　　126

　　第二節　受刑人之累進處遇　　131

　　第三節　以國際監獄人權規範檢討我國實務　　139

　　第四節　改進受刑人處遇之建議　　141

**第六章　附件（獄管相關法律條例）** 145

　　附件一、刑法總則（專章） 146

　　附件二、監獄行刑法 160

　　附件三、行刑累進處遇條例 189

　　附件四、法務部矯正署監獄組織準則 208

**參考資料** 211

# 第一章

## 緒論

　　就刑法「重刑化」政策修正下，於討論「犯罪問題或犯罪抗制」議題時，最後總是「加強監獄矯治功能、加強監獄教化功能」等建議；似乎把犯罪受刑人「關進高牆監獄」與社會做隔離後，然後再高舉著「加強矯正教化」的大旗，就可以期待改善嚴重的犯罪問題。筆者認為「獄政管理與矯正政策」不僅是刑事矯正政策改革之方向，也是社會政策的重要環節，是需要社會為共同面對與共同解決的問題。而任何於討論受刑人矯正教化與處遇等作為時，必須先就落實根除矯正制度面，亦即既存與沿襲常久的「虛假浮誇、流於形式」與僅著重於「虛表績效掛帥」之事實，否則期待矯正教化改革之成效，必將極其有限，甚或更可能再次流於空泛之虛談。

　　在刑法修正走向重刑化的今天，刑罰也許有威嚇與阻嚇作用；但是從結果來看，卻是成效不彰。當一位受刑人回到社會無法生存時，再度犯罪可能是不得已下的無奈，最壞不過再回去吃牢飯罷了。一個犯人如果不願意悔改，刑期屆滿後很快再

犯，被抓到回鍋，沒被抓到則繼續危害社會，結果是監獄裡人滿為患，製造出更多之困擾！

　　緣於「特別權力關係理論」之影響，有關受刑人基本人權之保障問題一直乏人問津。復以我國對於刑罰「矯正教化」與「假釋更生」之法律性質，係採取行政處分之概念；而於特別權力關係理論之運用，社會大多數人猶然視之「給予恩惠」，殊無當事人對其相關處分置喙之餘地。至如受刑人有無假釋之請求權？受駁回假釋之申請可否請求救濟？假釋保護管束期間受權利限制？或強制處分可否不服？假釋遭撤銷時其救濟條款等？現行矯正假釋之制度與施行，實為可議！

　　按「人民身體自由應予保障」為憲法第八條所明確揭示。然實務上，現行矯正政策目標只是在「建造個強制隔離禁錮犯人之處所」，也就只是在「剝奪犯罪受刑人的自由」，並非想有實質的矯正或教化。就國民黨與民進黨三次政府更迭下，政府矯正政策「並不見有矯治犯罪」或「減少再犯之效果」。審觀，當前嚴重的是矯正機關管理之心態，不願「積極面對」與展現「具體改善」獄管之問題；行政院並未積極與迫切的要求法務部，就獄政管理等相關刑事法律法規從根本修法為積極之推動，致困束於現今矯正機關（監／所）問題之嚴重累積，已猶如火山正待爆發中。獄政管理與改革若仍僅只是口號式的喊著「檢討人力、概善硬體設置」，卻不從「法律面研修」著

手，就算再多獄政改革之口號，也難發揮矯正教化實質之效果。就「矯正教化」與「假釋制度」施行之目的，爰參引「各國矯正教化與假釋施行實效」對比「我國現行矯正教化與假釋施行缺失」檢討與改進等面向，彙整探討「以我國司法獄政管理制度——論矯正教化與假釋更生之改革」為研究。今茲藉筆者2010年彙編出版之《黑暗的角落——法律訴訟及獄政管理實務教範》拙著中：「假釋並非『監獄之恩惠』實係『國家律法』之規範」文稿，為本著作撰寫之緒論引言。

關鍵字：矯正、監獄、受刑人、假釋

## Google網頁

假釋並非「監獄之恩惠」，而是「國家律法」之規範

我們不是冬瓜標（前立委）、我們也不是號稱大掌櫃的劉某某公，或是握有媒體的企業主王〇齡，自然沒有立委的權勢及政商之光環，能在「法定程序」下即時獲得假釋。當然，我們也不是機要會計，更不會有機會能因總統，於市長任內所涉貪汙偽造文書案，而能獲得「主動依法」為假釋之提報！

　　前些時日媒體報刊接續在暢談人權自由，乃普世追求的價值下，抱著丁點的希望，寫出全國78所監獄及看守所中，受刑人內心對司法及獄政管理的無奈與無助！僅祈望法務部於全力關注『人權保障與維護』議題之同時，及各方殷切期待司法獄政改革之際，也能稍微分出一點點的心力，關注下監獄及看守所中的受刑人，在「人權法治」，應有的「基本人權」之維護及保障。

　　政府如同嚴父，司法則如猛虎；真的是所謂的虎毒不食子嗎？或許不然！只要是人，在生命成長的歲月歷程中，都難免會有不經意犯錯，或迷失方向的時候；而執司國家司法與獄政管理的政府，就如同嚴父般的對犯了過錯的孩子，適切的給予嚴厲之責罰；但在責罰中，卻是有著期勉的教誨和慈愛的關懷，更是有著心痛的不捨（所謂打在兒身痛在娘心），更應是沒有一絲一毫報復或報應的心態。然而靜觀，現行之司法審理與獄政之管理，卻有著毫無約束與節制「自我權利的擴張和濫用」；更有著種似乎「報應式報復」的心態；竟看不到，更感

受不到一絲一毫的寬容，與矯正教化的感覺，反應出的卻是種虎毒更食子的報復心態！

就拿最近的案例來說，一個剛踏入社會的年輕人，因遺失了證件遭冒用開戶，而涉嫌成了詐騙集團的共犯，遭司法之追訴而判刑入監。但反觀亞歷山大健身中心涉嫌詐欺之犯罪，其於惡意倒閉前擴大招攬會員，詐取高達數億元之會員費，受害人更達數千人之詐欺犯罪，卻僅判其二年之有期徒刑，更予緩刑五年而不用入監服刑之判決，實是「竊鉤者誅，竊國者侯」的最新註腳，司法公義究何在？真坐實了特權操控司法的詬言，也更彰顯了握有操控人民生死大權的司法人員，其假自由心證法定權力下之傲慢，與自由心證權力之濫用。

復觀，犯有過錯的受刑人，在接受國家司法判決入監服刑後，在其應承擔國法量刑制裁下，有的服刑了十年以上，有的服刑了近十年；然而在其已符合國家法定假釋之條件下，卻為獄政管理機關擅權為剔除，或不為法定應為假釋之陳報；就此擅權與自我擴張法律解釋之惡行，實顯於國家司法程序判決之外，另為違法侵束人身自由的私刑存在！在這種假國家公器（獄管劣習）濫權違法的執刑，職司獄政管理之法務部，及歷任高舉人權維護大旗的法務部部長，竟仍視若罔聞，間接縱容所屬私刑之氾濫，實令人感歎「基本人權與司法公義」竟在職司刑罰公務員之違法陋習下，是如此的蕩然無存；難怪中天新

聞、自由時報、蘋果日報等民調，顯示全國高達79%之人民對國家司法之公信力，實已完全失去信賴與寄望了！

綜觀，全世界法治國家（連共產國家亦然），就刑罰之目的均旨在矯正向上；而刑罰假釋之制度，則是為鼓勵受刑人改悔向上。究，刑罰與假釋之立意與其立法精神，都是在以矯正教化受刑人遷善向上為宗旨，而非為報應式之報復為目的，更非為國家司法判決後另種私刑之執行，怎不讓人深感痛心與冤憤難抑呢？就現行國家法律對初犯者給予其自新假釋之要件，業經立法為國家法律所明定：

一、按刑法第77條與監獄行刑法第81條就「假釋條件」之明定，……受徒刑之執行而有悛悔實據者；無期徒刑執行逾25年、有期徒刑執行逾1/2、累犯逾2/3；並於服刑期間累進處遇進至第二級者，由監獄報請法務部，經假釋審議委員會審議後，得許假釋出獄。

究95年7月1日施行之刑法修正條文中，明確律定就初犯者不得假釋，僅有該條文第1項「服刑須滿六個月」但書之規定。

二、究，於憲法對人民之人身自由權利第8條與23條明定，應予保障，並不得以法律為限制。故就法令、法規不得牴觸法律，更不得悖離憲法之規定言，刑罰執行機關不得以不牴觸法律為已足，必須為依法行刑之原則，方符憲法基本

人權應有之保障。然，現行法務部及各監、所在獄政管理上，卻以擁有假釋之權利而傲慢，輕忽受刑人基本人權應有之保障與維護；更專擅濫權為國家司法判決後另為私刑之執行；立法院諸公及監察院大人們，卻不為聞問，致使國家司法之公義與公信力盪然無存！

三、就法律衡平原則之要義，執行機關就該管程序之執行應於當事人有利或不利之情形，一律為注意；亦即比附援引刑事訴訟法第2條客觀性義務」之明定，實施刑事訴訟程序之公務員就該管案件應於被告有利及不利情形，一律注意。就刑罰執行機關其裁量之界限不得逾越法定之裁量範圍，此亦即法治國家依法行政之基本原則；換言之行政行為應受憲法及一般法律之拘束，以期符法律明確性及人民對公務機關應具誠實信用之信賴保護原則。

四、司法改革並沒有特效藥，也不需要花俏與喝采；司法改革更沒有英雄，只賴於遠見及堅持。而基本人權之維護與保障則賴於維護司法之正常程序，司法能正常進行，則賴於行政權能尊重司法權。憲法第16條明定，人民有請願、訴願及訴訟之權；並準用刑事訴訟法第240條權利告發之規定，亦即不問任何人知有犯罪嫌疑者，得為告發；復依監獄行刑法第6條申訴之規定，就受刑人已符合刑法假釋聲請之要件，卻不為監獄依法呈報於法務部審核之情事（美

國刑事訴訟法檢察官有將有利之證據通知被告之義務），作者呼籲所有監、所受刑人，基於憲法基本人權之維護與保障，並依刑訴法及權衡理論之法義，應勇於為自身權益提出刑事之告訴或告發，並勇於撰文揭發獄政管理之違法於媒體，以維受刑人應有之權利與權益。社會應該給悔過的犯人另一次機會，關懷並協助悔改向善的失足者，讓他們能重新復歸、融入並貢獻社會！

## 第一節　源起及架構

本著作彙編動機啟於刑法修正「重刑化政策」下，大寮監獄挾持事件，此實為台灣獄政管理（矯正教化與假釋更生）問題的縮影。基此，本著作彙編之範圍係以我國現況，並參研各國對於「矯正教化」與「假釋更生」之機制，透過各國矯正與假釋施行制度做研析對比檢核；以評析各國矯正與假釋制度施行之優點，以為我國於「矯正教化」管理與改革之方向。另就受刑人於假釋出獄後之「更生保護」之實際問題，亦為本文研析探討著墨之處；換言之，本著作欲探究之問題依思考邏輯，概分敘如下：

一、於刑法新修正後之重刑化政策，已導致各矯正機關（監、所）收容人人數急速之暴增，是否有應為重新檢討之必要？

二、現行對受刑人之矯正教化與技職輔導，與對受刑人假釋出獄後之更生保護，是否與假釋期程有具體實際之連結？

三、現行假釋制度對於假釋審查之准駁程序，是否能據實了解受刑人實際狀況？而准駁審核機關是否有權責過大之疑慮？

四、現行假釋制度對於假釋申請之駁回不附理由？又假釋申請駁回後究係循行政或司法為救濟，與其適用程序之實際效益？

綜上，爰就現行「矯正機關（監、所）管理缺失」、「矯正與假釋之施行」，並援引德國、澳洲、美國、日本之矯正與假釋之施行，與我國現行矯正與假釋施行之缺失，彙整探討於「重刑化政策」下，就刑法（罰）「矯正與假釋施行」為檢討，與具體改進等面向之研究。

## 第二節　研究目的

一、本著作彙編係針對我國現行刑罰獄政管理制度之缺失為出發點，以此分析現行法規範及實務運作，是否達到「矯正教化」受刑人之目的；最終結果希望未來針對受刑人的矯正教化措施為改正。然，受刑人假釋出獄後「更生保護」之相關機關如何落實實質之輔佐，以避免受刑人出獄後因無法立足於社會（經濟與專技），而再度犯罪情形之發

生；故透過本著作之彙編提出解決現行法規範及實務運作之不足處，繼而提出對我國獄管政策修法之建議。

二、矯正政策係我國朝低犯罪率發展之重要基楚，如何訂定一套適合我國的「矯正政策」是為必要之考量。然現行的獄政管理靠信賴關係（仍偏向威權統治），對於受刑人的更生問題亦未多做實施，使其無法達到「再犯率降低、社會治安良好」之目的。本研究之主題在釐清「矯正政策與假釋更生」制度存在之意旨，與於實務運作上所產生之差異，將之做為用以解決問題之依據及參考，並有效對於上述之領域深入探討。此外本研究主要著重於各國矯正與假釋制度之探討，藉由各國規範所得出之結果，再與我國制度做正面之比較後，提供主管機關未來修法與改革之建議。

## 第三節　研究方法

本著作彙編採歸納與整理相關之學說論著，除以相關法律法規及立法背景為論述基礎（囿於我國討論此議題之學說甚少，對於此議題有相關研究之學者亦不多）；惟「矯正與假釋」制度涉及社會安全，若施行與配套管理不當，必會影響社會之整體秩序。故本研究除探討各國法規制度外，另整理國內

有關獄政管理之著作及法務部矯正司出國考察報告，與矯正機關（監／所）相關數據之蒐集整理，有助於歸納、演繹相關法令法規應有之內涵，並從之探討現行制度與規定是否得以達到矯正教化之本旨。本文蒐集之中文資料包括：期刊論文、學術論文、研究計畫與判決判例等，英文資料部分除利用Westlaw資源中相關之國外學術資料外，本研究主要以各國既有之法律與規定為主。

　　本著作彙編主要係探討獄政管理「矯正教化與假釋施行」間互衡之問題。因而，將各國法上關於矯正教化與假釋制度之實務程序，以及對此程序之現行規範予以簡介；並藉由比較法方式之探究，探討指標性國家如美國、德國、日本、澳洲等國，對於假釋與更生連結之互衡架構，分析其脈絡，藉此觀察各國法規制度之優點，及我國法制秩序間之不足處，以為我國「矯正教化與假釋更生」施行之改革參據。

　　參引法務部矯正署對於他國就矯正教化、假釋申請、更生觀護等相關施行相關考察之報告為研究參考；並輔以相關判決與學說之評析，以凸顯其間所涉及司法判決與刑罰行政管理之爭議與權責，並藉以提出建議供主管機關為獄政改革推動之參考。

　　藉由上述三種面向之研究與方法，將資料彙整後利用比較法，對比我國法規與各國法規之不同；並將各國法規範一體加以分析，最後就分析之結果與各國實務之運作，推導出我國於

刑法新修正之「重刑化政策」趨勢下之利弊，以為未來刑事法修法之建議。

# 第四節　研究限制

本著作彙編探討的主在針對獄政管理之實務運作。然而矯正機關（監／所）向來都是受到禁控封閉隔絕於外的地方（監獄封閉封鎖消息），並不是任何人都可以自由進出的；就連想要進去參訪也須事先申請。因之外界所能得到的資訊，無非僅能由官方網站、親自參訪等出處，就算是進入監獄內部實地觀看，各矯正機關（監／所）為獲得好評，而隱藏其真正的管理方式「展現好的、隱藏差的」並不無可能。就此更生人親生之經歷或許成了外界能了解各矯正機關（監／所）真實狀況的唯一管道。

現今台灣社會普遍受到「媒體與政論節目」多為誇大不實之言論情形下（即媒體審判[1-3]），導致多數人民對於更生人帶有著歧視，甚至是厭惡，使更生人多不願意提及自己曾在監獄服刑的過往，或是連更生人的這個身分都不願意對外揭露，這是現今普遍民眾至今仍無法瞭解「獄政管理真正缺失的最大阻礙」（仍有少數例外更生人願意打著更生人的身分上美食電視節目，把心路歷程及奮鬥過程分享）。

# 第五節　結語

一、我國矯正機關（監獄、看守所、外役監）之定位，在刑事政策理論及實務施行上，一直存在著實質上很大的落差。學理上矯正工作被認定是「刑事司法體系」的重要環節，矯正機關（監、所）係提供收容人教化輔導之環境，而為幫助犯罪受刑人走向更生，免於再犯的重要處遇機制；理應挹注合理的資源與專業之定位。然而從實務運作或其他各國施行之比較上，卻輕易發現我國在「矯正教化與假釋更生」之施行，卻是倍受基本人權忽略的場域。

二、長久來矯正機關（監、所）層級過低之定位，與持續超額收容擁擠現象及矯正人力短缺之問題，已嚴重影響到矯正教化工作之推展；讓矯正人員深刻感受到刑事政策理論與實務施行的重大落差；而這落差於94年2月2日修正施行刑法修正「重刑化政策」施行後更加劇烈。面對刑法重刑化政策帶與各矯正機關（監、所）諸多之衝擊，包括「長刑期受刑人」與「高齡受刑人」逐漸之增多與湧現，就長刑期與高齡受刑人如何之適應？與如何適切之管理與因應？加之現行「受刑人超收擁擠」不斷趨於惡化等實際問題之不斷浮現；就矯正機關（監、所）矯正人員工作負荷與壓

力之沉重，已漸導致士氣低落之窘境。

三、然而探究近年來「重刑化政策」趨勢下之底層，蘊含著期待矯正機關（監獄、看守所）為嚴重犯罪問題帶來解決之道，然而卻為本就體質欠佳、搖搖欲墜的「矯正系統」帶來更大與更多的衝擊。筆者認為徒於期待矯正機關（監、所）發揮教化矯治功能之前提下，應先思索矯正制度面之改革，包括：

（一）矯正系統定位歸屬與專業化方向之檢討。

（二）增加對於犯罪矯正工作之投資，紓解矯正機關（監、所）擁擠，及增加合理矯正教化人力。

（三）監獄行刑法之研修，納入多元化的矯正理念。

四、當我們真正願意重視並落實，就矯正機關（監獄、看守所）「矯正制度」深層面的改革，繼而再一步檢討落實「教化處遇」實務面的各項改進時，才能算是真正體現「矯正教化」與「假釋更生」在刑事政策上之進步與改變。

# 第二章
## 各國刑罰「矯正教化」施行之淺述

　　我國矯正教化政策推動之重點，雖已漸轉向教育以及協助受刑人「復歸社會生活」與「謀職再就業」為目標；然審觀我國矯正教化之施行卻仍停滯於「績效掛帥」，仍著重「表面樣板、僵化怠墮」陋習上，無以真正為矯正教化於「根本實質」上之落實。

　　監察院於民國99年提出「監獄、看守所收容人處遇、超收及教化問題之檢討研究報告」的專案調查報告[2-1]指出：「傳統刑罰理論思潮由絕對之報應理論，演變至相對預防理論。認為刑罰本身應在於達成預防犯罪之目的，在利用執行自由刑期間，實施各種處遇，使受刑人悔改向上，並增進受刑人的自制力與生活技能，使受刑人出監後重新復歸適應自由社會之生活，成為社會有用之人」。

　　究獄管政策施行體制的形成，都源自「受刑人」的聚集。擁有一個好的體制固然重要，倘若不將受刑人做有效率之組織管理，一切皆淪為空談。援參引日本矯正機構PFI（民營化政

策）[2-2]的實施，亦即犯罪行為人於入監後，其所面臨的即是受刑人「專技矯正」之階段性處遇；以期確保受刑人出獄後「更生生活」下的「經濟基礎」，以降低其因窘縛於謀職與經濟無奈下，而有再犯之可能。若能參考日本現行矯正施行之作法，自可為我國矯正實務上政策改革之依據。另復援參澳洲刑法矯正教化制度實施的成功，係以收容人「在監行為」與「技能學習」，等之實況，直接作為假釋准駁之標準，促使每位受刑人「知道」自己應該保持行為與技能之專注，以期能早日回歸社會。

然而，就我國現今社會多不願接納已悔過之受刑人風氣，使許多初犯者因無法被社會「接受及認同」，從而因無法再次融入社會而被迫成再犯。國人若想擁有安定的生活，可參考犯罪率較低的澳洲制度，並以澳洲現行法規及觀念進而改變；不再將受刑人視為過街老鼠，而改以看待病人之角度出發，將犯罪視為社會的責任；而以透過矯正教化來解決受刑人或更生人之再犯。

另審觀美國認為公民參與受刑人矯正工作，是市民社會自治精神和公益觀念的體現。積極參與社區矯正，不僅有利於提高受刑人對社會的認識，從而推動受刑人復歸社會目標的實現；使受刑人能在自由社會中自力更生，讓其感受到社會的支援和溫暖，不僅能彌補「嚴苛刑罰在矯正功能上之不足」，更

可以節省國家公帑（已有許多資料顯示，其確實為有效的處遇方案）。

　　因此，就我國矯正教化制度之施行，若能參考借鏡他國矯正教化之經驗為借鏡；亦即從根本解決根除現存「虛泛空洞」之矯正教化技能培訓之口號陋習，實已勢在必行；更將有助於根除現只重「表面樣板、僵化怠墮」與「虛表績效掛帥」之矯正教化施行陋習！

## 第一節　現行矯正機關矯正施行之檢討

　　我國現行各矯正機關（監獄、看守所、外役監）之組織架構，概設有典獄長、副典獄長、秘書等職務；轄分設總務科、戒護科、衛生科、作業科、教化科、調查分類科等單位。目前全台矯正機構共計78處，根據法務部統計年報[2-3]，目前我國平均每一間監所配置之教誨師人數約為5到10人。然而現今於各矯正機構受刑人大量增加與超收下，明顯地呈現教誨師人力嚴重不足之問題。以桃園監獄為例，桃園監獄受刑人共1965人[2-4]，而教誨師卻只有6位，這極大的人數落差，導致監獄無法落實於「受刑人實質教誨與輔導功能」之推動。

# 一、現行各矯正機關教誨師遴選部分

就現今各矯正機關（監／所）矯正教化科之編制，及實務輔導施行存在著諸多的矛盾，導致教誨實質工作效果不彰、流於形式之主要缺失：

## （一）教誨師體系中衍生之缺失

現今各矯正機關（監／所）教誨師就專業之教誨工作，大多不具一定之專業素養，肇因於現今矯正機關教誨師之產生，基本上多由監所戒護科資深舍房主管為轉任其已無法再為升遷；僅在接受類似於師徒傳授的短期在職訓練後，即進入教化科擔任教誨師之工作，因此衍生出教誨師不具「心理學」與「行為學」等專業素養於輔教受刑人；另進而產生教誨師與受刑人地位不對等（教誨師仍居於威權管理者之心態），並無法發揮實質之輔教功效，實僅徒具有矯正教化「形式與虛應」之事實。

### 1.教誨師與受刑人間地位非平行化

由於教誨師多為各矯正機關（監／所）戒護科資深舍房主管所轉任，對於受刑人來說這些教誨師原本是戒護管理之管理

員，本能地與教誨師間之互動，會有所顧忌與保留，因之難以洞察與開導受刑人內心所壓抑之心緒。在教誨師與受刑人間之互動，因地位並非平行化，就教誨輔導相對應角度為評析，該種不對等的權力關係，反而讓彼此間之溝通、信賴度大打折扣[2-5]；在如此情形下，反使教誨工作無法為有效地發揮功效。

2.教誨師不具專業素養與諮輔技巧

　　現行監獄管理員並沒有研習過相關教誨的專業科目，如行為心理學（行為矯正）、心緒釋壓引導、生涯整體規劃、諮商與談判技巧等專業素養。雖在轉任教誨師後依規定必須為在職專業科目訓練，但在職訓練之內容，對於實際教誨工作來說並無太大助益，因此教誨之實質效果極微，真實下仍流於「職權壓迫」之形式。

（二）教誨師不宜兼附其他行政業務

　　1. 現行各矯正機關（監／所）矯正教化業務由教化科掌理，其主要成員為教誨師，專責受刑人教誨輔導考核之及假釋工作，但是現行各監所教化科除了教誨受刑人外，仍須兼辦監所一般行政業務[2-6]，而為確保每項業務之進行，書面資料作業，以備督導考核；教誨師需花更多時間於處理這些「流於虛浮」之行政業務，無法有效

兼顧於受刑人實際心緒之輔教與開導，導致各矯正機關
（監／所）教誨工作實質施行之成效不彰。

2. 教誨師現行實務工作：

（1）受刑人教誨工作。

（2）受刑人累進處遇之審查事項。

（3）受刑人假釋及撤銷假釋之建議、陳報及交付保護管
　　　束事項。

（4）受刑人文康活動及體能訓練事項。

（5）受刑人集會之指導及分區管教事項。

（6）洽請有關機關、團體或人士協助推進教育、演講及
　　　宗教宣導。

（7）新聞書刊閱讀、管理及監內刊物編印事項。

（8）其他有關教化之事項。

（三）教誨師與受刑人配置人數差距極大現行各矯正機
　　　關（監／所）收容

　　　人近年來明顯持續的增加，與居高不下，每個矯正機關
（監／所）都有嚴重超額收容之問題。但是教誨師人力卻嚴重
缺失，長期呈現教誨師人力不足、工作量過大等問題存在。依
法務部就「教誨師與受刑人間人力比例」之規定為1:150[2-7]，也
就是每位教誨師所要輔導之受刑人應為150人，但因現今受刑

人人數不斷的增加，造成現行各矯正機關（監／所）每位教誨師應輔導的受刑人遠遠超出這規定（美國矯正制度，就非重大之判刑者明定不得超額收容，待服刑人只能依序排隊，等待監獄有空位時始行入獄）。

1. 援引桃園監獄、高雄監獄、新竹監獄為例；桃園監獄現有收容人數為1965人[2-8]，但教誨師人數僅6人[2-9]，每位教誨師所要負責的人數高達327人。又如高雄監獄現有收容人數為2588人[2-10]，但教誨師人數為9人[2-11]，平均每位教誨師要負責的人數為287人[2-12]。再如新竹監獄現有收容人2120人，但教誨師人數才8人[2-13]，平均每位教誨師要負責265人。每個矯正機關（監／所）的人數比，都已超過法務部規定的1.7～1.8倍，桃園監獄甚至超出2倍以上。

2. 在教誨師需負責過多受刑人之現況下，每位受刑人所能分配到個別教誨之時間自然稀少，絕大多數教誨師與受刑人間之個別諮詢不足20分鐘，更有將近1/3的受刑人，每次接受教誨的時間不足10分鐘；故依教誨師及受刑人比例計算，受刑人接受教誨的時間約每2～3個月一次，更甚者短刑期受刑人在出獄前，根本沒接受過教誨，就現行各矯正機關（監／所）教誨實務言，根本毫無發揮其功能，只是主管機關的法務部，於明知下之視而不見罷了。

## 二、現行各矯正機關矯正教誨之方式

現行各矯正機關（監／所）設置教誨師的核心業務，為受刑人「個別教誨」、「集體教誨」、「類別教誨」、「宗教教誨」等工作[2-14]，茲就該四種教誨方式，簡分敘如下：

## （一）個別教誨

由教誨師與受刑人個別面對面的諮商教誨，教誨時不拘泥形式，尤其重視輔導時機的適切性，對於罹病、晉級、親友久未前來接見或特殊個案之受刑人，尤加關懷與教誨。

## （二）集體教誨

由教誨師至各場舍對受刑人實施教誨，說明刑法修正、宣導易科罰金等各項政令，同時安排教誨志工或社會志工至各工場實施集體教誨，積極宣導有關家庭暴力防治法對婦女的保障。

## （三）類別教誨

依調查分類結果及受刑人罪名，針對其特性，分類實施教誨，每教區教誨師每週實施一類。

## （四）宗教教誨

宗教教誨是在監所內按宗教性質分設佛堂及教堂，依受刑人的宗教信仰，獄方敦請佛教、基督教、天主教等神職人員蒞臨監所實施宗教宣導活動，同時各監所會不定期的舉辦佛教皈依典禮，及基督教受洗儀式，以淨化受刑人心靈、安撫受刑人性情、啟發受刑人善良本性。

惟綜觀，現今各矯正機關（監／所）中受刑人之宗教信仰，類別實為多樣性，有佛教、道教、基督教、回教、伊斯蘭教等，但現行各矯正機關（監／所）提供的宗教教誨，只有佛教和基督教。然而這種「特定宗教」之教誨，對於受監禁的人必須為接受，但受刑人若不參與監所舉辦之宗教教化，又將影響其假釋的評分，在這威逼脅迫下所為的特定宗教教誨，無疑對受刑人只造成潛在內壓的反效果。

## 三、援參美國與德國矯正教誨之施行方式

### （一）美國矯正機關對受刑人之矯正措施

在美國，公民參與罪犯矯正工作被公認為是美國社會的傳統，更是市民社會自治精神和公益觀念的體現。美國對於社區矯正工作者的文化水準、工作經驗有一定的要求，一般來說，

必須要獲得學士學位，還要對其文化、心理、身體、個性進行
測試，於成為社區矯正工作者後還要接受技能訓練，以確保他
們能以勝任社區矯正工作，但每年仍有約30至50萬志願者加入
社區矯正工作[2-15]。社區矯正志願者在「參與自己居住社區的
矯正工作中」發揮著多方面的作用。他們的活動主要包括：通
過與親屬的聯繫來幫助受刑人矯正；開辦一些技職訓練，讓受
刑人在出獄後與社會接軌；舉辦教育項目，為受刑人授課與輔
導；舉辦宗教方面的聯繫和活動等。美國公民多積極參與社區
矯正，使受刑人感受到社會的支援和溫暖，有利於提高受刑人
對當前社會的認識，從而推動了受刑人復歸社會目標的實現
（美國華盛頓州法律，對重罪「1～5年刑期者」，允許無暴力
之人犯在家受刑，腳踝戴著電子枷鎖，白天赴外工作，晚間回
家，兩天算一天刑期）。

## （二）德國矯正機構對受刑人之矯正措施[2-16]

德國通常將犯人認為是社會病人，他們認為犯人犯罪並不
是他們個人的問題，社會亦須負起責任，因此不應以死刑作為
解決方法，而是透過社會的教化來解決犯罪問題。德國重視教
化教育，在德國監獄除了負責每個禮拜的牧師外，還包括精神
病醫師、心理醫師、輔導師及教師等工作人員。在成功矯正的
案例中邁維斯的名字在德國家喻戶曉。2001年邁維斯通過網路

認識被害人，將其殺死後分屍將屍體保存在冰箱中，他還吃了近20公斤的人肉。經過監獄矯正後，邁維斯澈底脫胎換骨。他在獄中組織了綠黨小組並成為領導人。這特殊的綠黨小組由殺人犯、戀童癖及毒販組成，他們每週在專門牢房內舉行一次會議。會議上成員們專門討論稅收及環境問題。據稱，邁維斯已經發誓今生永不再吃肉。同時德國監獄十分強調犯人回歸社會的理念，並採取了許多相應的措施（類似我國之外役監），如受刑人於快出獄前的一段時間，會被安排到一個較為開放的環境中，這段時間犯人白天可以出去工作，晚上回來住宿，以便逐漸過渡到適應社會。

## 四、小結

（一）現行當務之急應解決教誨師人力短缺的問題，由於我國現行教誨師是由監獄官轉任，在教誨實質上並無太大效益。為改善此問題，法務部應開辦教誨師專業之培訓，讓真正的專業人員來施行對受刑人的教誨工作；並能免除教誨師兼辦其他行政業務，讓教誨師專心於教誨受刑人，以達到教誨之目的。

（二）法務部應就各矯正機關附近學校為配合（如心理系、社工系等），讓相關科系的準畢業生以實習課

程方式，至監獄進行為期一學期或一學年的實習，如醫學院醫師與護理學生至醫院實習課程般，除了可以增加他們的實務經驗外，也可以減緩教誨師的壓力，同時在實習期間表現優異者，法務部則可考慮遴選成教誨師（併同志工（退休人員）具心理社工專長……輔導老師、退休者）。

## 第二節　矯正教化職業技能培訓之檢討

刑罰矯正機關（監／所）舉辦的職業技能培訓，其目的在於使受刑人有一技之長，有助於將來回歸社會後能融於社會，不會因沒有謀生能力或是邊緣化而再行。

現行各矯正機關（監／所）表列之「職業技能培訓」班，看似矯正教化之多元化，但實際上培訓內容幾乎流於形式和空洞，且絕大多屬於低層次與無專業技能之作業；不但零碎、且無技術性，實際能讓受刑人出獄後，能依該技職得以與社會接軌的培訓班極少。同時各矯正機關（監／所）內技職培訓，隨著監所收容人數不斷之攀高，而參與培訓的受刑人比例卻是有降低之趨勢；而這些參與技職培訓的受刑人，只有不到兩成出獄後能謀得與技職項目為相關之工作。

## 一、現行監所技職培訓規定之虛泛

現行各矯正機關（監／所）對收容人的技職培訓，主要係依「法務部所屬矯正機關辦理收容人技能訓練實施要點」為準據，其中規定各矯正機關對於參加各職類技能訓練的收容人，除其他法令另有規定外，其遴選應符合下列條件[2-17]：

（一）最近一年內無違規紀錄或違規情節輕微經酌免處分，且無另案未決者。

（二）身體健康無精神疾病者。

（三）結訓後二年內合於報請假釋（免訓、停止執行）要件或期滿出矯正機關者。但有特殊情形經法務部核准者，不在此限。

（四）非隔離犯[2-18]者。

然而上揭之規定，卻限制了受刑人參與技職培訓的機會，導致參與技職培訓之受刑人比例偏低。以下舉幾個監獄為例：花蓮監獄受刑人數為1819人，參與技職培訓人數為84人[2-19]，比例為0.046；嘉義監獄受刑人數為2516人，參與技職培訓人數為163人[2-20]，比例為0.064；桃園監獄受刑人數為1965人，而參與技職培訓人數為56人[2-21]，比例為0.029。從這些數據我們可以看到，實際開凡有技職之培訓班十分之少，根本無法提供

「有效復歸社會」之幫助。

## 二、現行監獄技職培訓之虛泛空洞

現行各矯正機關（監／所）為鼓勵受刑人能在監內習得一技之長，於出監後順利謀職立足社會，特令矯正機關視實際需要，於適當場所辦理技能訓練，並得依職業訓練機構設立及管理辦法之有關規定，辦理設立職業訓練機構，檢定場地及機具設備，參與陪訓的受刑人經評鑑合格，發給合格證書後，始得辦理相關職類技術士技能訓練及檢定。

（一）各矯正機關（監／所）規劃了技能檢定訓練班和短及技藝訓練班，使受刑人依個人意願申請參加培訓。各監所開辦的技能檢定訓練班有：電腦軟體應用班、電腦硬體裝修班、男裝縫紉班，受刑人在參與技能檢定訓練班結訓後可參加丙級技術士技能檢定。另外短期技藝訓練班有：麻油、蛋捲、糖果、烘焙班、生命禮儀班、漁拓班、傳統工藝蒸籠製作班，及美濃油紙傘製作班等。

（二）但參閱各矯正機關（監／所）公告出的報表顯示，在如此多的技能檢定訓練班中，真正開辦的技職培訓班卻是少數；以花蓮監獄為例，在技能訓練辦理

情形報告中列出了23項訓練項目，實際開辦的卻只有4項，而且多為短期技藝班。這些短期技能訓練班內所培訓的技能，又多半不符合社會需求，導致無法有效幫助受刑人在將來回歸社會時，能夠有融於社會之須要與需求之技職。

## 三、援參日本與德國技職培訓之施行

（一）日本對於受刑人的職業技能訓練之施行相關[2-22]

1. 就日本新實施「刑事設施及被收容者處遇法」，將職業訓練列為矯正處遇的重要項目之一，職業訓練應著重於使受刑人擁有謀生技能，不以低格作業（零碎無技術性）權充，以利日後回歸社會。

   刑務所開辦專門職業訓練、並在所內設立代辦委託業務、提供收容人實際工場工作情境。如日本川越少年刑務所的汽車修護工場，被關東陸運局指定為民間車檢場，可接受外界車輛入所檢驗；又日本府中刑務所亦設有汽車維修工場，據所長表示每年維修的車輛高達120輛車；再日本栃木刑務所美容科，經由厚生勞動省指定為可對外營業。

2. 另日本刑務作業係委託財團法人矯正協會經營，該協會

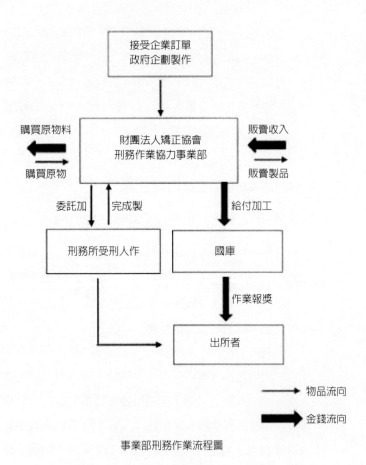

事業部刑務作業流程圖

設有刑務作業協力事業部，並分別設立總務部、營業部（企劃）、調查役、各地方事務所等64所，專門負責行銷與接受企業訂單（如台灣鼎泰豐紙袋提繩）、承辦矯正成果展或政府企劃的作業產品（如附圖）。日本每年於5～6月間，由法務省「照亮社會運動」的中央實施委員會，及財團法人矯正協會共同辦理全國矯正成果展，此外各地刑務所亦自行擇期二天辦理。刑務作業由政府組織外之財團法人經營，自然較政府部門更具有推動彈性。

## （二）德國對於受刑人的職業技能訓練相關之施行

德國對於受刑人的處分有「觀護處分」與「監獄刑罰」：

1. 德國的觀護處分允許受刑人可以在自由社會中工作消費，一樣可以就學開業，讓受刑人能自力更生，毋須依靠家人接濟，受刑人在施以監督與輔導之後，即能順利適應並維持正常的社會關係，對受刑人本身及家庭既不生弊害又可積極地達到教誨的功能；對國家社會而言，也可節省一筆可觀的費用，可謂一舉數得。這個措施對於能夠重新適應社會的犯罪者，不僅非常人道，也合乎社會需要，以生產代替消費，也能彌補嚴苛刑罰在矯正功能上的不足，避免短期自由刑造成惡習相傳的弊端。

2. 德國的監獄分為開放式與封閉式兩種

（1）開放式監獄：

在開放式監獄服刑的受刑人有兩種：一是受刑人在判決前沒有被關押，經詳細調查確認不會逃跑、不會重新犯罪，經法官決定且本人願意；一是受刑人在封閉式監獄服刑達一段時間（一般為服刑三分之二刑期），經考察確認不會逃跑，為幫助受刑人重回社會，將剩餘刑期轉至開放式監獄繼續服刑。開放式監獄沒有圍牆和鐵絲網，在開放式監獄服刑的受刑人可以到社會上正常工作，但每天應在監獄住滿八個小時，並須每個月支付一定的房費。據統計目前約有一半以上的受刑人在開放式監獄服刑。

（2）封閉式監獄：

封閉式監獄受刑人的住宿與生活方式與開放式監獄相同，但封閉式監獄所關的受刑人則多屬於重犯、終身監禁居多，封閉式監獄和開放式監獄的差別在封閉式監獄服刑的罪犯必須參加監獄內的勞動，每天領取報酬（台灣稱「勞作金」375‰，依級別其餘充作犯罪被害人補償金或間內設施改善輔助）。為了保障罪犯日後回歸社會時不會發生生活上困難，其在服刑的基本工資為40歐元，即使不參

與勞動或參加學習也有基本工資，而參加勞動及學習表現良好的罪犯會在假釋等方面給予優先考量，相對的工資也較多，大多數犯人在獄中習得手藝或是文憑，而社會上又有許多非政府組織幫助，大多數於出獄後3～4個月內皆能找到工作。

## 四、小結

我國雖然有開辦職業技能培訓，但參加的受刑人多數少於5％，且很多都屬於低格作業，不但零碎且毫無技術性，使得受刑人刑滿出獄後沒有足以謀生的技能。所以我們應參研下列方式來改善各矯正機關對受刑人「職業技能培訓」現存之缺失：

### （一）務實的技職訓練

各矯正機關（監／所）所提供的職業訓練，應該多注重技職班開訓的實務性質，例如堆高機的操作訓練、水電技能的培訓、汽車維修、糕點製作等（如八德外役監[2-23]），（如長照、腳底按摩……等，並輔導其考取證照）同時可以借助附近技職高工或技術學院的師資，一週固定幾個時段請學校老師到監獄去教導受刑人，使受刑人確實學習相關技能，例如桃園監獄可以與萬能科大合作，聘請萬能科大餐飲管理學系的老師到監獄

教導「中餐烹飪」、「咖啡烘焙」、「點心製作」等技能；又如嘉義監獄可以與吳鳳科技大學機械工程系的老師到監獄教導「機車維修」、「汽車維修」等技能；再如屏東監獄可以與屏東科技大學農園生產系、車輛工程系等的老師到監獄教導「農業耕作」、「車輛維修」等技能，並輔導受刑人考取專業證照，增加受刑人復歸社會的更生自信心與職業發展機會。

## （二）完善的技職教育規劃

各矯正機關（監、所）就受刑人的人力素質應予規劃、開發及運用，並且須針對社會趨勢，給予受刑人所需基本技能及必要的職前準備。同時對於矯正機構的收容人，需要規劃運用其監獄時間，積極提高收容人的人力素質，讓「每位受刑人」至少能擁有國中以上的基本教育程度，及精熟與生活工作所需的基本能力，同時完訓後頒發「一般社會格式之同等學歷證明」給受刑人（切勿再冠上○○矯正機關附署……）。使受刑人能在出監前縱然已達中高齡，也能儘量減低教育能力與工作技能不足的負面影響，增加受刑人於復歸社會更生自信心與職業發展機會。

## （三）監外具體工作的施行

法務部在政策上放寬受刑人到監外工作的條件，在維持每

日返監的原則下，盡量讓達到假釋門檻的受刑人能夠從實際就業市場工作中獲得符合市場需求的專業技術。同時鼓勵各矯正機關（監、所）與勞動部配合，積極幫助符合條件之受刑人媒合監獄外的工作機會，並要求監外工作之勞動條件，應與一般工作者相同，以此才能對等的要求監外工作受刑人，自行支付其基本生活支出，使監獄矯正經費能夠轉用至更為正向的受刑人教化服務上，讓監獄教化朝向「積極勤奮」的氛圍。

# 第三節　現行外役監專業技職之培訓

## 一、外役監設置目的

外役監獄之特色為無高牆鐵窗設置，完全以生活自治，人格尊重及縮短刑期，返家探視與眷屬同住等方式，鼓勵、啟發受刑人自尊心，又藉勞動於大自然使心胸開朗，體魄健全，達到刑期無刑的目的。

外役監獄扮演著收容人回歸社會前「技能培訓與和與社會接軌」之場所，類似「中途之家」的角色；獄中管理採用富有「人性化」的「教育刑」方式，其部分「外僱工」每日至監獄外之「工廠」上下班。而留在監獄內參與開墾的收容人，每天日出而作日落而息。此種無圍牆的監獄生活，為的是讓收容人

養成「自治」、「自律」與「自重」的人格與習性；為現代教育行刑最新措施，亦為民主國家行刑措施所趨；無高牆鐵窗之設置，故以生活自治、人格尊重，及縮短刑期（縮刑）返家探視與眷屬同住等法令的優厚處鼓勵下，啟發受刑人自尊心，又藉勞動於大自然使心胸開朗，體魄健全，以達到行刑目的[2-24]。

## 二、受刑人申請外役監獄的資格

依現行外役監條例第四條參與外役監遴選之受刑人，分別有積極資格與消極資格併同施行，分述如下：

### （一）積極資格

1. 受有期徒刑之執行逾二個月者。
2. 刑期7年以下；刑期逾7年未滿15年而累進處遇進至第3級以上無期徒刑累進處遇應進至第1級。
3. 有悛悔實據，身心健康適於外役作業，上開條件係指無下列各款情形之一者：
   （1）聚眾騷動、圖謀脫逃或危害脅迫管教人員安全之情形。
   （2）最近1年內有違反監規紀錄或執行期間違規3次以上之情形者。

（3）最近三個月內各項成績有減分之紀錄者。

（4）無期徒刑受刑人其累進處遇第一級責任分數抵銷未
　　逾半者。

（5）另案在偵查、審理中者。

（6）罹患法定傳染病者[2-25]。

（7）重度肢體傷殘者。

（8）曾被遴選至外役監執行，因違背紀律或怠於工作，
　　情節重大，經核准解送其他監獄執行。

（9）罹患精神疾病。

（二）消極資格：受刑人有左列各款情形之一者，不得
　　遴選：

1. 犯刑法第161條逃脫罪。

2. 犯毒品危害防制條例之罪。

3. 累犯。

4. 因犯罪而撤銷假釋。

5. 另有保安處分待執行。

6. 犯性侵害犯罪防治法第2條第1項所列各款之罪[2-26]，或家
　　庭暴力防治法第2條第2款所稱之家庭暴力罪[2-27]。

　　綜上，就現行外役監服刑申請條件之嚴苛，以致現行監所
能申請至外役監獄之受刑人比例非常少。以法務部矯正署花蓮

自強外役監獄為例[2-28]，花蓮自強外役監獄占地67公頃，但是所收容的受刑人僅僅只有303人。而反觀其他監獄所收容的受刑人人數，如台北監獄總受刑人數計12,083人、桃園監獄總受刑人數計3,789人、台中監獄總受刑人數計13,396人等[2-29]，相比較下外役監獄受刑人人數少很多。嚴苛的條件讓在原本監獄的受刑人，根本沒有努力爭取至外役監獄的動力；此亦完全背離了外役監設置之目的，更沒達到應該鼓勵或矯正教化受刑人的實質功效。

## 三、外役監專業技能之培訓

　　花蓮自強外役監獄105年01～06月共開立達辦理22個技能班，卻只有雕刻班有開班授課（如附表）；究其原因竟是參加受訓的受刑人在還未服刑之前是從事相關行業之人，而剩餘293位受刑人卻是於服刑期間種植蔬果或畜牧等工作，明顯不符「矯正教化」與「技能培訓」復歸社會之目的（外役監獄所執行的農牧技職培訓實為之狹窄與單一）。受刑人在監獄服刑時間長達數年，原可能是從事電機、電子、機械、汽（機）車維修、水電、餐飲烘焙……等職業，但因為數年未做而手腳生疏或忘記相關技能，使受刑人在服刑期間因表現良好申請至外役監後較能與社會接軌，但受刑人在外役監獄學習到的卻是如

何種植地瓜、文旦柚、芭樂等農作物，等受刑人真正回歸社會時，與其從事之行業完全無所關連；不但不能餬口謀生，可能會再次因生活之困難下，而被迫再次犯罪。另累犯之受刑人不能再次到外役監服刑，這也是造成監獄擁擠的原因之一。

## 法務部矯正署自強外役監獄技能訓練辦理情形[2-30]

105年01-06月 單位：人

| 辦理技訓項目 | 開班時間 | 參訓人數 | 參加技檢人數 | 合格人數 |
|---|---|---|---|---|
| 餐飲烘焙班 | | | | |
| 縫紉班 | | | | |
| 水電班 | | | | |
| 建築班 | | | | |
| 木工班 | | | | |
| 家具班 | | | | |
| 泥水工 | | | | |
| 室內裝潢班 | | | | |
| 電器修護班 | | | | |
| 生命禮儀班 | | | | |
| 編織班 | | | | |
| 機工班 | | | | |
| 汽車維護班 | | | | |
| 電腦軟體應用 | | | | |
| 電腦硬體裝修 | | | | |
| 陶藝班 | | | | |
| 美（理）髮美容班 | | | | |

| 辦理技訓項目 | 開班時間 | 參訓人數 | 參加技檢人數 | 合格人數 |
|---|---|---|---|---|
| 園藝 | | | | |
| 彩繪班 | | | | |
| 竹藝班 | | | | |
| 雕刻班 | （短期）<br>105.5.10 | 10 | 0 | 0 |
| 足部健康班 | | | | |
| 總計 | | 10 | 0 | 0 |

## 四、小結

　　因受刑人本身無專業的技能，又無法從監獄舉辦的技能培訓內學習專業技能，反而使受刑人感到不安，怕出獄後無法與社會接軌而造成家人的負擔。同時現行社會的思維相當封閉，認為受刑人彷彿是劣質品而不願接受他們，幾乎都會拒絕給予他們機會工作，受刑人被貼上這樣的標籤後，更加難以在社會上謀生。所以諸多受刑人都寄望在服刑中能夠學習實用的技能，以利未來回歸社會後能有謀生之可能。

　　各矯正機關（監／所）周邊都有許多的職業高工或是技術學院，建議監所應與各職業高工或技術學院合作，請各高工或技術學院的師資到監獄教導受刑人相關專業技能，如：

　　（一）花蓮監獄可以和當地的花蓮高工職業學校配合，讓受刑人到花蓮高工職業學校學習機械、製圖、汽

車、電子、電機等專業技能。受刑人上午在監獄內工作，下午點名整車送至花蓮高工職業學校學習，時間到時再點名整車送回監獄；實不必擔心受刑人會逃跑或是藏匿工具等，因為每位受刑人會更加珍惜自己目前所擁有的一切與增快假釋出獄之機會；並同時透過技職訊練，幫助受刑人取得相關證照。受刑人於學習相關技能取得證照後，監所可以與附近工廠或相關企業合作，進而減少人力成本與企業培訓之成本，帶動生產經濟。監所不能因為擔心受刑人會反抗而拒絕，但現在大多數的監所都是這種封閉思想，所以導致受刑人在即將踏入社會前夕時感到徬徨無助。（證照部分一定要按照一般社會人士的證照辦理，如果在證照上抬頭寫下，臺灣法務部矯正署花蓮外役監獄附設○○機構字樣等，無疑反而無法幫助更生人）。

（二）八德外役監獄可與中原大學電機系、資管系等相配合，讓受刑人接受經過專業訓練並有相關教師資格的老師給予授課輔導。學習相關資訊管理等技能，並結合監所所成立之電腦軟體應用的課程，讓受刑人有更多機會學習實務上的知識與技能，因為電腦等相關應用在日常生活中相當常見，避免成立班級

卻沒有使用而浪費公帑等情形（可與當地工廠配合，例如堆高機操作訓練……等）。

（三）台南明德外役監獄可和成功大學配合，學習相關長照、護理等專業知識以輔佐監所醫療人員匱乏等情形，通常時聘之醫生、護士人數之比例不足去應付數百位受刑人，減少了替受刑人診斷時間，一位受刑人可能被問診不到兩分鐘就換下一位，反而壓縮了受刑人看病的權利。因此，讓受有專業護理知識的受刑人照顧傷病的受刑人，更可於未來更生就業時能與長照體系接軌立足。

## 第四節　我國刑罰矯正教化興革諫言

按「受徒刑之執行而有悛悔實據[4-1]者，無期徒刑逾25年，有期徒刑逾二分之一、累犯逾三分之二者，由監獄報請法務部，得許假釋出獄」刑法第77條1項明定。惟於刑法新修法後之「重刑化政策」下，卻並未使我國的犯罪率下降，反造成入監服刑的收容人數為長期性的大爆滿。究其最大癥結即因「刑罰於罪責部分之處罰加重，但寬鬆政策之庇行卻不夠落實與確切」，使各矯正機關（監／所）中充滿著過失傷害、偷竊、吸毒、酒駕等受刑人。

於刑法「重刑化政策」修法下之一罪一罰，已造成受刑人刑期的拉長；加之法定服刑達二分之一假釋門檻，遭各矯正機關（監／所）自我擴張法律解釋為私擅濫權之駁回，使受刑人假釋出獄的機會更加渺茫，造成受刑人在心理上喪失了對「爭取假釋」表現的動力。繼之，因「重刑化政策」下無假釋希望之長期受刑人增多，更讓監所管理人員之管理更形不易。就民國95年刑法修正廢除連續犯規定後，於「重刑化政策」下之一罪一罰，實已造成犯罪行為人不論「故意或無心」下刑期的拉長。例如一個竊盜犯在修法前，縱然犯了10個竊盜罪，被判的刑期也不會超過一個殺人犯來的重。但於修法後如果犯了10個竊盜罪被判的刑期可能比殺人罪判得還重。所謂「重刑化政策」下的一罪一罰，也就是輕刑期的罪刑加起來，將可能被判刑期達到40～60年，實已明顯不符「罪責均衡原則」與刑法「謙抑思想」之意旨（一個偷竊累犯所判的刑期遠比殺人犯還重）。

　　究現行矯正施行之探究，實應就犯罪行為人（受刑人）所犯之犯罪類型給予不同的處分；例如酒駕未肇事者，可判處假日易服勞動，亦即週五傍晚入監服刑，於週日傍晚釋放回家；平時則與一般大眾一樣正常上下班，仍使其與社會維持實質生活態樣的制度；不僅可以減緩矯正機關（監／所）受刑人爆滿之困境，亦可使犯罪行為人（受刑人）得到相當的警惕及

教化。換言之，就屬過失，或非暴力、非組織犯罪，或性侵與經濟犯罪之行為人，不一定要長期關到監獄裡面；應將他放在他原來自有社會中，改用更多的社會易服勞動之刑罰，使其既可保有與維持其既有之工作（不會於入監服刑出獄後，造成與社會脫節及就業之更困難），也不會因而劻傷原來之家庭關係（刑後重修家庭關係實非常困難）；讓他在原先社會工作處仍居於是一個生產的人，而不是在監獄中成為一個不事勞動的消費者」[4-2]。

## 一、矯正機關體制應即為修法之檢討

歐美各國就各監獄面臨「長刑期受刑人」收容及處遇問題之發生時，即以擴大長刑期受刑人的自我決定空間，創造受刑人尋找有意義生活的機會；並增加受刑人與外界接觸的管道，使其對出獄後的生活有所期待。然審觀我國刑法修正後所採行的「重刑化政策」，卻是讓受刑人對「假釋」已不抱有期待，更不用說我國對於獄政管理政策上所採取的「威權管理心態」，更讓受刑人怨憤壓抑待爆之臨界點。

### （一）威權恩典管理屬性之陋習應即戒禁

我國現行受刑人假釋之施行，區分為「假釋陳報」與「假

釋核准」[4-3]二階段。在假釋陳報方面矯正機關（監／所）係根據刑事法相關規定，就受刑人服刑逾法定期間累進處遇[4-4]進至二級以上，矯正機關就其教化、作業、衛生、戒護、總務等資料為審核後，轉提報法務部為受刑人假釋准駁之審議。因此我國假釋施行依現行刑事法等規定，一級受刑人合於法定假釋之規定時，應速報請假釋，二級受刑人已適於社會生活，合於法定假釋之規定，得報請假釋。然而現今各矯正機關（監／所）假釋施行提報實務上，卻仍本於「威權恩典」之屬性，在監獄陳報方面自認為其權利，並非依刑事法相關假釋之規定，就受刑人據依法律相關規定上，就其應有之權利為確保。

## （二）教誨師專業輔教知識之培訓與遴選

現行各矯正機關（監／所）教誨師之產生，多係由各監／所之戒護科資深管理員為轉調擔任[4-5]（管理員歷任舍房或工廠主管後，已無法再為升遷者），在接受短期的在職訓練後進入教化科，即開始對受刑人進行教誨工作。然，這些教誨師對於教誨工作，並不具如心理輔導、生涯規劃、諮商理論與矯正技術、社工等一定之專業知能與素養。

1. 於矯正機關（監／所）中，受刑人存在著實質諸多生理、心理上及生活適應上之問題，長刑期受刑人更甚於此；相對突顯矯正機關（監所）受刑人教化工作係以教

誨師為主體之型態。故我國應在矯正機關之組織上為修法，於矯正系統內為心理師、社工師及諮輔師等具專業知識之教誨人員（就現行教誨師須兼負輔導、假釋、行政業務等共冶一爐之情形，恐已不符未來長刑期受刑人處遇專業化之需求）。因之，我們應參考國外矯正機關教化處遇團隊設置心理醫師、心理師、社工師及個案工作者專識知能模式（如毒品犯教化輔導工作上，能為更細緻化的專業分工型態），依據受刑人不同之需求，由不同專識人員施予適切之教化處遇。

2. 現今各矯正機關（監／所）收容人數持續居高不下，近年來更有明顯的增加，每個矯正機關都存在著超額收容的問題，但主管機關法務部就各矯正機關（監／所）現有教誨師人力之嚴重不足，卻不敢正面為檢討與面對。依法務部規定矯正機關（監／所）教誨師與受刑人人數比應為1：150，但卻因受刑人逐年增加，而教誨師並未隨著受刑人增加而招募，以致目前各矯正機關（監／所）裡每位教誨師需要輔導的受刑人，比法務部所規定之人數超達1.7～2倍之多，甚至如桃園監獄—每位教誨師平均要負責327位受刑人之教誨。

3. 在教誨師需負責多位受刑人的條件下，每位受刑人分配到個別教誨之時間自然稀少，絕大多數教誨師與受刑

人間個別諮詢時間僅約10分鐘。而就各矯正機關（監／所）教誨師及受刑人之比例，使受刑人接受教誨的時間約2到3個月才一次，更甚者，短刑期的受刑人在其出獄前根本沒接受過教誨師之教誨，如此只在應付上級規定，所為之空泛虛應式之教誨工作，根本無法有效地發揮教化之功能。

4. 當務之急，應先解決各矯正機關（監獄、看守所）教誨師人力短缺之問題。由於我國現行教誨師是由監獄管理員轉任，在教誨上並無太大效益。因之，主管機關應修法增設教誨師養成培訓考試，與增設兼職教誨師（退休教師或公務員）；並根除本位主義，積極與教育部及國防部等為合作，讓真正的專業人員來施行受刑人教誨工作。除可補現行教誨師之不外，各矯正機關（監所）可與附近設有心理系、社工系等之大學配合，讓相關科系準畢業生到矯正機關（監所）實習，以實習課程方式進行一學期甚或一學年之實習學分（實習期間表現優異者，亦可考慮遴選成教誨師），如此一來除可增加學生們的實務經驗外，也可以減緩各矯正機關教誨師不足之壓力。

## （三）宗教矯正教誨方式應具體確切與適當

矯正教化施行方面，矯正機關（監／所）現行最普遍、覆蓋率最高的是宗教教誨；宗教教誨一直是矯正機關教化工作之重心，就相關研究也證實「宗教教誨」對受刑人確具正面之影響。然：

1. 現今各矯正機關（監獄、看守所）中受刑人的宗教信仰類別各異，有佛教、道教、基督教、回教、伊斯蘭教等，但現行各矯正機關（監獄、看守所）所提供的宗教教誨只有佛教和基督教，在進行宗教教誨時，若未參與教化課程，將直接影響到未來假釋之評分，使得受刑人不得不參加虛浮表象的宗教教誨。甚至在新收舍房只擺放佛教畫像、十字架、強迫抄寫佛經；或是在舍房休息時間放佛教音樂，強迫受刑人接受非其本身宗教信仰之宗教教誨；在這種被逼迫的情形下，反而只會讓受刑人心中潛壓對宗教教化的抗拒。因之各矯正機關（監／所）應設置不特別彰顯某一宗教所適用之靜思室，並且尊重各宗教習俗，例如回教信徒每天要往麥加方向膜拜；或是在工廠休息時間以大自然（森林/流水）音樂代替佛教音樂，讓受刑人可以藉大自然音樂，使心緒放鬆，達到確實休息與舒壓之功效。

2. 另宗教教誨應以循序漸進、由淺至深的階段性歷程,對於不同宗教教義接納程度的受刑人,施以不同程度的宗教教誨課程,矯正機關(監/所)可以引進大學宗教系資源,或嘗試引進志工(如慈濟、法鼓山、普門舍等),在戒護人力許可的範圍內,從事人數較少或甚至個別的教誨。使受刑人由宗教教誨過程,真正體會宗教勸人為善,兼愛天下的博愛精神,讓矯正機關(監/所)成為長刑期受刑人另類自我實現的場域。並可在漫長的監禁生活歷程中,培植學有所成之受刑人擔任監獄宗教傳道者的角色,以其實際經驗現身說法,提供受刑人同輩團體自我教導、自我成長的機會。

## 二、矯正機關技能培訓教化之檢討

　　法務部所屬各矯正機關(監/所)舉辦職業技能培訓,其目的在於使受刑人有一技之長,有助於將來回歸社會後,能即融於社會,不會因無謀生技能或是邊緣化而再犯罪。然查:

　　(一)現今各矯正機關(監/所)舉辦的「職業技能培訓」之項目,各矯正機關(管理員)為使在管理上方便,總以某些器具操作具有危險性為理由,取消了許多具「技術性」職業技能之培訓教化;如汽車

維修技能培訓，便以受刑人在使用器具過程中，有可能會拿器具打架而取消開設；造成現今各矯正機關（監／所），絕大多數所謂之工廠作業均係低層次，不但零碎，且毫無專業技能之作業（如包裝紙袋提繩之穿扣、金紙捆紮等），實際能讓受刑人出獄後，得以依該「技能」與社會接軌的技術，幾乎是零。

（二）復由於前述迂腐思維以及躲避責任之心態，反使我國各矯正機關（監／所）為受刑人提供之職業技能培訓內容，幾乎過度流於空泛之形式與虛假。審觀於刑法修法後「重刑化政策」下，各矯正機關（監／所）內職業技能培訓，隨著監獄受刑人人數不斷之攀高，參與培訓的受刑人比例，卻反更有降低之趨勢，而這些參與職業技能培訓的受刑人，只有不到20%之受刑人，能在出獄後謀得與職訓項目相關之謀生的工作。

## 三、放寬監獄職業技能培訓之要求

（一）各矯正機關（監獄、看守所）對於收容人之「職業技能培訓」主要是依照「法務部所屬矯正機關辦理

收容人技能訓練實施要點」所規劃。但是法務部該
規定過於嚴苛，就受刑人經過篩選後，真正能夠符
合參加職業技能培訓的的人數非常少，和法務部頒
定辦理技能職業培訓的本意實相違背。

（二）法務部實應就該技能訓練實施要點為務實之修正，
只在特定幾個高風險的技職訓練上限定篩選辦法，
如車床加工、焊接訓練等；放寬其他技職訓練的
篩選辦法，讓有興趣、想學習的受刑人可以直接參
加，如電腦硬體裝修、電腦軟體應用、烘焙、咖
啡調製、繪畫、調酒等，使受刑人在出獄前有一
技之長在身，提高受刑人出獄後具有與社會接軌的
能力。

## 四、改善監所技能培訓的方式及內容

法務部為鼓勵受刑人能在監所內習得一技之長，出監後順
利謀職立足社會，特令各矯正機關（監／所）視實際需要，於
適當場所辦理技能訓練，並得依職業訓練機構設立及管理辦法
相關規定，辦理設立職業訓練機構，檢定場地及機具設備，參
與陪訓的受刑人經評鑑合格，發給合格證書後，始得辦理相關
職類技術士技能訓練及檢定。

矯正機關（監／所）開辦技能檢定訓練班和短期技藝訓練班，期使受刑人能依個人意願申請參加培訓。然參閱各矯正機關公告出之報表顯示，在如此多的技能檢定訓練班中，真正開辦的技能檢定訓練班卻是少數，而且多半不符合社會需求，導致無法有效幫助受刑人在將來回歸社會時，能夠融於社會。茲由下列三點為改善矯正機關（監／所）職業技能培訓之缺失：

## （一）務實之職業訓練

　　矯正機關（監／所）所提供之職業訓練，應注重職業訓練的實務性質，例如堆高機的操作訓練（外役監場域足夠）、水電技能的培訓、汽車維修、餐飲廚師、糕點製作等。同時可借助附近相關大學與技職高校之師資，每週安排某時段請老師到監所去教導受刑人，使受刑人確實能學習得相關技能（例如：桃園監獄可與萬能科大合作，聘請該校餐飲管理系之老師到監所教導中餐烹飪、咖啡烘焙、點心製作等技能）。

## （二）離監前適切專技之準備

　　受刑人之人力素質應就其在監服刑時間，加以規劃與開發，並且須針對社會趨勢，給予受刑人所需之基本技能，及必要復歸社會之職前準備，讓每位受刑人至少能精熟並具有於出監後得以謀生所需之基本就業能力。使受刑人在出監前儘量減

低教育能力與工作技能不足之負面影響，以增加其復歸社會的更生自信心與職業發展之機會。

## （三）監外工作媒介機會之拓展

法務部在政策上修法制定准予輕罪及已符假釋待審之受刑人，在維持每日返監，並於一定規範下得出監外工作之條件下，盡量讓達到假釋門檻之受刑人，能夠從實際就業市場工作中獲得符合市場需求之工作機會。同時，鼓勵各矯正機關（監／所）與地方之商業公會配合，積極幫助受刑人媒合監外工作之機會（並要求監外工作的勞動條件與一般工作者同），以此才能對等要求監外工作受刑人，支付其基本生活支出，使監獄矯正經費能夠轉用更為正向之受刑人教化服務，讓監獄矯正教化朝向「積極勤奮」之氛圍。

# 第五節　章節結論

## 一、教誨人員遴選及相關回訓之建議

為讓受刑人或的良好且具實質意義之矯正教化，建議各矯正機關（監／所）可增加教誨師之人數，亦可與教育部合作，藉助監獄附近大專院校有心理學系、社工系等相關學系之學生

到監獄進行實習的機會，一方面可使受刑人得到專業之輔導教化，亦更可使實習學生學習更多實務之經驗。另為使教誨師維持一定之專業素養，應訂定相關回訓之規定，如每年10小時回訓時數，使教誨師之專業知能與時精進。

## 二、受刑人職業技能訓練之建議

各矯正機關（監／所）雖設立許多技能訓練班，但僅有少數技能訓練班有開課，且開設課程多半係冷門的技職課程，對於受刑人服刑期滿或假釋出獄回歸社會並無太大的幫助。因此建議開設水電班、汽修班、電器維修班等，此類班級可與監獄附近之技職學校做建教合作，聘請相關科系的教師到獄中培訓受刑人。受刑人在獄中學習技能，達一定程度後進行檢定考試，通過者頒發技師執照，受刑人習得一技之長，日後出獄有謀生能力，自然可以減少受刑人再犯之可能性（惟該執照，比照一般技職證照，而非以矯正機關（監／所）名義所頒發）。

## 三、刑事重刑化政策之修改及檢討

就「重刑化政策」施行下，並未使犯罪率下降，反使監獄大爆滿，最大問題係刑罰的處罰很重，但寬鬆政策落實不夠確

切，使得寬嚴併進、兩極化刑事政策美意落空，因此使各矯正機關充滿偷竊、吸毒、酒駕等受刑人。為解決各矯正機關（監／所）大爆滿的問題，應將受刑人依犯罪類型給予不同處分，如三年以下刑期，且非性侵或組織犯罪者，可判處假日易服勞動（星期六晚上入監服刑，星期天再釋放回家，平時一樣正常上下班），這樣的制度不僅可以減緩監獄大爆滿的困境，亦可使受刑人得到相當的警惕及教化。

# 第三章
## 各國刑罰「假釋更生」法制之淺述

　　所謂「假釋」，於我國及美國、德國等又稱為「附條件釋放」，日本則稱為「假出場」；係指受自由刑執行之犯罪人，經過一定期間之服刑後，確有悛悔實據，如附以條件許其暫行釋放出獄接受考核監督。如於釋放出獄期間內，犯罪人保持善行，其出獄日數，算入刑期內之制度，藉以激勵受刑人改過自新、重新做人的更生意願。

　　我國受刑人之假釋，除必須符合刑法第77條第1項、第2項規定外，更需具有「悛悔實據[3-1]」。然悛悔實據在法律上實屬抽象之不確定性名詞，而於施行實務上又完全以「累進處遇之分級」與「處遇之分數」為依據，欠缺其他面向之評估。另審觀我國准許假釋核准之權力，是單由矯正機關（監／所）做決定，實有各矯正機關（監／所）管理人員權限過大之疑慮（致發生常有監所人員貪瀆情事）；且駁回受刑人之假釋聲請又不附具理由，至受刑人無正當救濟之管道。另就對於即將假釋之受刑人，也沒有給予假釋後具體實質之輔導與協助，更別說假

釋更生後現實生活的扶助。基此，我國假釋更生實務之施行，實應參考他國制度為深入檢討（改由客觀之機構為從嚴之審核與認定）。又假釋後如何有效監督假釋更生人，以免受刑人假釋出獄後繼續犯罪……等，就整體配套之法律制度必須通盤檢討與修法，實不容漠視！

# 第一節　我國假釋制度施行概述

## 一、現行假釋之方式

民國94年2月我國刑法做了大幅度的修正。其中刑法第77條[3-2]便參引美國「三振出局法案（Three strike laws）[3-3]」為範本，提高了無期徒刑之假釋門檻；並對犯「重罪之累犯」增設所謂的「三振條款[3-4]」，及增加對於接受「強制治療」而成效不彰者之限制。

## 二、假釋決定之機關

依我國刑法第77條第1項、監獄行刑法第81條第1項等之規定，當受刑人符合假釋之條件後，由監獄組成假釋審查委員會，並經該會審查之通過後，報請法務部為核准後，受刑人始

得假釋出獄。

（一）就各矯正機關（監／所）「假釋審查委員會」之組
織方式，於監獄組織通則第20條為明定「監獄設假
釋審查委員會，委員有7～11人[3-5]，其中當然委員
有典獄長、教化科長、戒護科長，其餘委員責由典
獄長報請督管機關（即法務部）核准後，延聘心
理、教育、社會、法律、犯罪、監獄學等學者專
家，及其他社會公正人士擔任」。復依法務部就
所屬各矯正機關（監／所）假釋審查委員會設置要
點之規定「委員應符合身心健康、品行端正、無犯
罪前科、有參與假釋審查工作之熱忱等條件」。
假釋審查委員會議以每月至少舉行一次為原則，每
次開會須有全體委員過半數出席，對假釋審查之決
議採無記名投票方式，由出席委員過半數同意始為
通過。

（二）依我國刑法之規定，法務部為「假釋准駁之決定機
關」，而依法務部組織法第5條之規定「由矯正署
規劃矯正政策，指揮、監督所屬矯正機關（監／
所）執行收容人之戒護管理、教化輔導、衛生醫
療、假釋審查、作業及技能訓練等事項」；法務部
矯正署組織法亦規定矯正機關就收容人為教化、累

進處遇、假釋、撤銷假釋等之規劃、指導，及監督等事項，均為矯正署掌理之業務。

## 三、假釋施行之程序

各矯正機關（監／所）依下述辦理假釋注意事項規定，假釋審查委員會決議報請假釋時，應檢附受刑人之身分簿、假釋報告表、交付保護管束表、假釋審查委員會會議紀錄等文件，報請法務部核准。

（一）於假釋審查委員會進行審議前，依辦理假釋應行注意事項規定，就受刑人符合假釋條件者，由受刑人所屬之管教小組[3-6]就其調查、教化、作業、衛生、戒護、總務等資料為書面審核，並簽註意見送教化科核轉假釋審查委員會（管教小組成員，包括監獄之教誨師、作業導師、科員、管理員等）。

（二）依辦理假釋應行注意事項第2條至第5條之規定「假釋審查委員會對於假釋案件，應就管教小組及教化科之意見，受刑人在執行中有關事項[3-7]，並參酌受刑人假釋後，社會對其觀感[3-8]詳為審查，而就受刑人悛悔審查之依據，實應從平日言語行動中細加體會，以判斷真偽，並參酌其犯罪有無道義或公

益上可宥恕之情形，認為悛悔有據，始得決議辦理假釋」。

## 四、假釋駁回之救濟

受刑人之假釋依現行假釋審查流程，在現今各矯正機關（監／所）之假釋審查委員會，亦即「監所自為駁回3～5次假釋聲請」；俟假釋審查委員會報請假釋後，再經決定機關法務部為駁回2～3次已為不成文之SOP。當受刑人不服不附具理由假釋駁回之處分救濟，是該採用「行政救濟」抑或是該採「司法救濟」，長期以來一直爭議不斷。

最高行政法院於100年4月100年度裁字第901號之裁定認為：「受刑人並無申請假釋之權利；關於受刑人假釋之申請為非依法申請之案件」，駁回受刑人之訴；此舉亦即同意此種案件應由「行政法院」審理之。大法官釋字第691號解釋指出，在相關法律修正前，受刑人如對不予假釋決定有所不服而提起訴訟，應由行政法院加以審理。

## 五、假釋後之更生觀護

受刑人於假釋核准後，在外期間的保護束業務即交由各

地檢署為執行，但皆由觀護人為實際之執行。目前各地檢署觀護人與受保護管束人的聯繫，都是以更生人到觀護人室報到面談方式。再由於負責保護管束的個案日漸大增，觀護人之人力不足，由觀護人到府訪視的情形逐漸減少；復加上毒品犯之日益增加，觀護人還需要扮演驗尿的角色，業務更為繁重。而警察雖也負責受保護管束人出獄後之監管，但並非他們主要的業務，所以造成觀護功能不彰。因此，我國的撤銷假釋率與再犯率，使之逐年不斷之上升。

## 第二節　各國假釋制度與施行之淺述

### 一、美國假釋制度之施行淺述

　　援參美國其假釋案件，係由「假釋委員會」負責審核及撤銷，假釋委員會會針對判處不定期刑之受刑人，就其服刑一段期間後，審慎考慮其假釋之可能性。一般而言，假釋之「聽審」時間係由各州之法律訂定，而各州對於第一次假釋聽審的時間也不盡相同。一般聽審時間短為六個月，長則為五年。以美國加州為例，該州受刑人假釋的聽審時間為三年一次；但也有例外的情形，即受刑人所累積的「縮短刑期」足夠提早出監，則不必接受假釋審查會的審查，即可假釋出監。

## （一）假釋之方式

美國假釋的方式大致分為四種，亦即「提前假釋」[3-9]、「附條件的標準假釋」[3-10]、「密集觀護的假釋」[3-11]、「震撼式假釋」[3-12]。然而就其每種假釋方式皆與「社區處遇機構」[3-13]有關聯。

## （二）假釋決定機關

美國假釋審議機關為「聯邦假釋委員會」和「各州假釋委員會」，其假釋之審議以「多數決」方式行審理。聯邦假釋委員會委員9人任期6年；委員由總統提名經國會同意任命。委員會具有與假釋相關之「規則制訂權」及「預算請求權」，為典型之行政委員會。而各州之假釋委員會，通常為5至7人構成，任期5年；委員由州長提名經州議會同意任命。

## （三）假釋決定程序

當受刑人符合假釋之形式要件[3-14]後，得向假釋委員會申請假釋。在假釋審查中，需調查監獄職員所提出之報告書、受刑人之個人資料、判決前調查書、法官之意見書、被害人之經濟社會身體等狀況、受刑人之精神及身體狀況、將來之生活計畫等。各州之假釋審議委員會，基於上開書面進行審查後，由

假釋調查官與受刑人進行面談；亦即表示承認受刑人之「假釋申請權」與「請求開示資料」，及被駁回時「請求開示理由」等之權利。

## （四）假釋駁回之救濟

美國有關受刑人救濟途徑採刑事救濟途徑，依照「監獄訴訟改革法案」規定，受刑人如就假釋駁回為申訴時，必須於取得司法部認證，始得認為係簡易、迅速及有效之行政救濟途徑。

## （五）假釋後更生觀護

美國觀護制度均與刑罰及刑事政策相結合，大致區分為以下三種不同之「更生觀護」型態：

1. 對輕微犯罪者，以觀護監督替代刑罰。例如履行無報酬的社區勞動服務，或強制性令其繳納被害補償金等方式。
2. 對社區安全危害性較低之犯罪行為之刑事被告，多以觀護監督代替監禁。例如放寬交保條件准予被告交保或擴大緩刑適用對象及範圍，使受徒刑宣告的刑事被告可以不用入監執行徒刑。
3. 對受監禁處分的受刑人，使其提早出監。例如對特定篩

選的受刑人予以提前釋放，或是對一般受刑人於服完一定期間的徒刑後，准予假釋提前出監。提早出監的受刑人都要接受觀護監督。

## 二、德國假釋制度之施行淺述

### （一）假釋之方式

在德國假釋現行刑法規定，執行徒刑二月以上之短期自由刑亦得假釋（但須執行達應服刑期之三分之二）：長期有期徒刑者，必須執行達應服刑期之二分之一，即可由執行法院裁定是否假釋，並交付保護管束。德國目前並無就被判無期徒刑者，亦可適用假釋之規定。

### （二）假釋決定機關

依照德國現行法令之規定，設置有「刑事執行法庭」，其主要管轄「刑之執行」及「監獄行刑」；「刑之執行」對刑事執行法庭而言，最重要之任務即是依德國刑法第57條及57條a為假釋之決定。

## （三）假釋決定程序

假釋決定程序在德國刑事訴訟法第454條。就德國假釋制度而言，係屬於「刑之執行」，也就是受刑人雖符假釋之要件，仍須經法院裁定准為假釋並付保護管束，始得出監。

## （四）假釋駁回之救濟

由於德國係採取由專門法院作為假釋決定機關，所以如對於法院駁回假釋的決定不服，則應向上級法院提出訴訟救濟，即是關於假釋事項的救濟，均由普通法院審理。

## （五）假釋後更生觀護

德國的觀護處分允許受刑人可以在自由社會中工作消費，讓受刑人能自力更生，受刑人在施以監督與輔導之後，即能順利適應並維持正常的社會與社群關係。

## 三、日本假釋制度之施行淺述

日本更生保護法第1條即表示，本法是為了受刑人之更生與保護社會、增進個人及公共福祉而制訂。在立法意旨上，表達了假釋制度著重在受刑人釋放後之「社會處遇」，並以促進

「假釋更生」為目的。

因此假釋具有維持秩序之效果，且能緩和矯正機關設施「過度收容」之狀態，並減少相關設施支出之費用。

## （一）假釋的方式

日本「犯罪者預防更生法」廢止了受假釋者應受警察監督之制度，改採行美國之假釋執行方法；亦即由假釋委員會決定假釋之准駁，但由「保護管束機關」作為「監督受假釋者機關」之美國型式。經過多次的制定演變後，現今日本刑法的假釋區分為以下四種：

1. 受徒刑執行者之假釋放[3-15]
2. 受拘役或罰金易服勞役者之假出場[3-16]
3. 受收容少年之假退院[3-17]
4. 在婦人輔導院收容者之假退院[3-18]

## （二）假釋決定機關

日本刑法第28條明定「假釋之決定由行政機關為之」；而復於其「更生保護法」第16條則規定，地方委員會為刑法第28條所規定之「行政機關」，處理假釋之許否及撤銷等事項。地方委員會為「獨立」於法院、檢察機關、矯正機關等機關之外，具有「專門性之準司法機關」。委員會依法由3～14人

之委員所組成，委員任期三年，並由法務大臣任命其中一人為委員長。就「地方委員會」設有事務局，並配置保護觀察官及其他職員，保護觀察官需具有與更生保護相關之專門知識，並可進行假釋之必要之調查，及協助被收容人日後之社會復歸[3-19]。

## （三）假釋決定程序

日本假釋的決定程序，分別為「調查、調整」與「審查、申請」及「審理、決定」等三個階段：

1. 調查、調整本階段為假釋的準備階段，依照時間順序分以下三個程序：

（1）身上調查書之通知：

日本「社會處遇規則」中規定，刑事設施首長在受刑人入監時，應提出記載該受刑人各項資料之說明書，記載事項包括該受刑人之年籍、宣告刑之罪名、執行之起算日及期滿日、犯罪事實之概要及原因、釋放後之預定住處、生活計畫等事項[3-20]。

（2）預定住處地點之環境調整：

受刑人出監後預定住處地之保護觀察所，在受刑人執行期間，於有必要時，就受刑人釋放後生活及就業等生活環境進行調整作業[3-21]。由所長指定保

護觀察官[3-22]或保護司人員[3-23]，就鄰近狀況、家屬及其他關係人之狀況、受刑人生活狀況等進行調查，承辦人員將環境調整報告書定期向所長提出，並將報告書交付地方委員會及刑事設施。

（3）法定期間經過之通知：

刑事設施首長於受刑人之執行期間已到達刑法規定之「得為假釋」期間時，應於該法定期間屆至之十日內通知地方委員會。

2. 審查、申請

本階段為刑事設施內部之作業，是認定受刑人是否適合假釋之最初階段，分為以下兩部分作業。

（1）請前之審查：

刑事設施首長在受刑人經過法定期間，且認為受刑人符合法務省所頒佈之審查基準時，向地方委員會申請假釋之審理。

（2）假釋之申請：

於刑事設施「決定申請假釋後」，由刑事設施首長提出記載受刑人各項資料之申請書，送達至「地方委員會」。在申請後地方委員會尚未作出決定前，認為有不符合假釋應具備之要件時，矯正設施首長亦可撤回原申請。

3. 審理、決定

　　本階段為決定是否許可假釋之最終階段，由地方委員會進行作業。地方委員會在審理受刑人是否可以假釋時，除有特別困難情形之外，均會與受刑人進行面談[3-24]，有必要時也會請求保護觀察官或具有精神醫學、心理學等專業知識人員於面談時在場，並徵求其專業意見。從受刑人陳述之內容、態度等方面，做為其是否符合假釋之基準。

4. 受假釋許可之受刑人於假釋期間中交付保護觀察，法律規定受保護觀察之人均需遵守「更生保護法」第50條規定之事項[3-25]，地方委員會依保護觀察所之申請，亦得於決定中註明個別受假釋者應遵守特別事項，此為針對受刑人個人之更生需要所訂之具體事項，特別遵守事項之範圍規定於法律中，包括至固定場所接受課程等。

## （四）假釋駁回之救濟

　　依更生保護法規定，受刑人對於地方委員會之決定處分不服者，得依日本「行政不服審查法」提出審查請求。受刑人向刑事設施首長提出審查請求書，刑事設施首長收受後，應立即將審查請求書之正本交付中央審查會，副本交付地方委員會；中央審查會於受理審查請求之60天內應為裁決，對裁決不服者

得向法院提出撤銷處分之訴訟。

## （五）假釋後更生保護

根據日本刑法第28條及少年法第51條之規定，當受刑人具有相當要件及悔悔實據時，即構成接受「地方更生保護會」審查其假釋的機會，各矯正機關始得提請各地更生保護委員會審查假釋。

此外，日本為健全假釋出獄人出獄更生保護工作，實施「出獄後居住地的環境調整」，免除出獄人重蹈犯罪淵藪中；並於1981年導入由「地方更生委員會事務局」所屬之保護觀察官，常駐監獄的「設施派駐官」制度；除協助假釋準備調查外，也協助設施內各種處遇業務及列席各樣處遇會議，對促進矯正更生保護間之聯繫助益良多。

## 四、澳洲假釋制度之施行淺述

澳洲計分有六個行政區域，各州的假釋規定或稍有些許之不同，但假釋均採行「有條件赦免」制度，此制度是一種對於有悔悔實據的人犯，予以縮短刑期，以鼓勵其改過向上的行刑制度。

## （一）假釋的方式

1. 澳洲就受刑人的假釋有兩種方式，第一種為法院於判決時決定，也就是被判徒刑在三年以下的受刑人，由判決的法庭於判決時併指定受刑人將來假釋日期。但所犯之罪為性犯罪及嚴重的暴力犯罪的受刑人除外。第二種為向假釋委員會申請准許，所犯之罪為性犯罪、嚴重的暴力犯罪或是被判徒刑逾三年的受刑人，在執行中符合假釋條件後，向假釋委員會申請准許假釋釋放。

2. 另外就新南威爾斯州，當法庭判決受刑人超過6個月的監禁刑期時，必須決定該名受刑人一段不得假釋的期間[3-26]。於非假釋期過後，除非有特殊的原因，受刑人必須在可假釋期之特定刑期範圍內假釋，其範圍為不能超過非假釋期的三分之一。而維多利亞州因為近期發生了受刑人在假釋期間殺害新聞主播，進而推動了假釋制度的修法。其中假釋法的修正包括：/1.所有需服刑三年以上之受刑人，需主動提出申請假釋。/2.所有受刑人在假釋期間違背假釋誓言，將有至少一半的假釋期需要在監獄裡度過，直到被重新考慮釋放止；被判終身監禁者則需在監獄最少服刑三年以上。/3.犯有嚴重暴力罪和性侵罪的罪犯將被區別對待。在達到假釋條件前，他們必

須完成治療計畫，並且具有表現良好之實據。

## （二）假釋決定機關

澳洲受刑人的假釋由假釋委員會決定，負責決定人犯申請假釋核准與否，以及人犯安置離開等。假釋委員會監督獲准假釋人犯的進步情形，並做為是否修正、中止或取消其假釋命令的依據。

1. 假釋委員會決定受刑人的假釋釋放時需考慮社區的利益、被害人的權利、判決法庭的意向及人犯的需求。決定假釋需有充足的理由，相信人犯釋放後能夠於社區有正常、合法的社區生活。假釋局考慮的內容包括：犯罪的本質、裁判文的評議、受刑人的犯罪及監禁史、對社區及受刑人的潛在風險、釋放後的計畫；及來自「醫療人員、精神分析家、心理學家的報告及建議」、來自社區矯正官的報告與建議、被害人或與被害人相關之人員的意見表達、受刑人所提出的支持系統[3-27]、受刑人或其他利害關係人的陳述等。

2. 另外，新南威爾斯州受刑人的假釋是由州假釋局決定，州假釋局是依據新南威爾斯州刑法第183條而組成，至少有4位指定的成員是司法人員，至少需有10位是社區成員，其他3位成員分別由警方、社區矯正官及假釋局

秘書處人員。

（三）假釋決定程序

1. 在受刑人「符合假釋資格日」前的6個月，受刑人會被
   要求是否要提出假釋申請。

2. 在「符合假釋資格日」前4個月，申請假釋之受刑人被
   允許閱讀其個人假釋檔案；並且申請者可文件書寫陳述
   為何其相信本身可以被假釋，如何有正向的說服力，並
   提出假釋後的計畫。

3. 在「符合假釋資格日期」前3個月，申請假釋之受刑人
   會由假釋委員會的一個成員予以面談。

4. 在受刑人「符合假釋資格日」前的5個星期，假釋委員
   會會仔細審核申請假釋受刑人的個人卷檔。

5. 假釋委員會對於受刑人做出准許或否決其假釋決定

## 第三節　我國更生保護制度施行之概述

我國目前受刑人出獄後的更生保護相關工作，係由財團法人
台灣更生保護會所負責。然該財團法人雖以民間機構型態呈現，
惟其內部組織人員多半由法務部指定[3-28]，許多事務須向法務部備
查或經法務部核准[3-29]，是個極具濃厚官方與政治色彩之組織。

## 一、我國更生保護之施行

　　更生保護會雖給予更生人許多救濟手段，但多以「經濟資源」為主，如醫療費用、膳食費用等，主要都以金錢資助為主，缺乏完整規劃性之「自主生活技能之培養」。雖設有經濟生活困難者的條件，並非全體更生人皆適用，這些申請項目則需經更生人「主動提出申請」。因之，我國更生保護制度實相當多實質問題急需改進及檢討[3-30]。

## 二、日本更生觀護之施行

　　審觀日本更生保護之施行，係由各地方更生保護委員會來進行，朝向「假釋出獄審查」、「監督與處遇」對策專責化併進。因該委員會為民間機構，所以對於受刑人假釋後之關懷與具體幫助，與我國相比較下，較為落實與完善。因此，為減少再犯率，提供更生人更多出獄後之協助與輔導，期應朝「加強技職培訓」及相關與「社會接軌」之配套措施，以解決更生人無法適應社會生活等之相關政策。

　　反觀日本，係採由各地方委員會作為假釋決定之機關，並設置中央審查委員會作為監督機關，如對地方委員會之決定不

服，得向中央審查委員會提出審查請求（相當於訴願），並得對審查請求之結果向法院提出訴訟，即日本受刑人關於假釋之救濟途徑，係以對於行政處分不服之程序，為其假釋之救濟。

我國更生保護會雖以社團法人名義成立，實際作業仍須經由法務部核准。會內成員為兼職，所以人力上相對缺乏，再加上相關申請多以金錢資助為主（申請補助設有經濟生活困難為要件），並未落實技職的培訓。

## 第四節　我國刑罰「假釋更生」之興革諫言

現行各各矯正機關（監／所）的處遇內容，與升級等均是靠點數為累積，所以被定名為累進處遇制。然而累進處遇之最後一級即是假釋，並配合一定的監督與更生保護。因此，假釋制度在開始施行之時，即是一種為了控制囚情的恩典。是否假釋一事，雖然一部分仍得靠受刑人自身的努力，但是其並無權提出申請，而呈報核准的機關，亦是掌管考核大權的各矯正機關（監獄、看守所）與法務部。

### 一、假釋審議標準的強化

現行刑事法明定受刑人之假釋，除必須符合刑法第77條

規定之最低執行期間等要件外，尚需有「悛悔實據」經假釋審查委員會決議，並附足資證明受刑人確有悛悔情形之紀錄，及假釋審查委員會之決議，始報請法務部審議核准後，得假釋出獄。但何謂「悛悔實據」如此抽象不確定性之定義，法律上卻無明確之解釋。

（一）假釋審議之「悛悔實據」標準顯為抽象與空泛，不易客觀為制度性標準之認定。假釋之目的在鼓勵受刑人改過自新，能透過自身的努力來獲得「假釋」獎賞，然受刑人是否有「悛悔實據」，監獄管理人員無法透視其內心真正想法，亦無從完全瞭解其是否改過自新。而現行假釋陳報之「悛悔實據」卻幾已是受刑人「量化」的累進處遇成績分數，對於實質「悛悔實據」無法充分確定，進而在假釋核准率下不斷有下降之趨勢。

（二）鑑於當前「悛悔實據」抽象與空泛，且不易客觀量化之形式化，法務部應強化悛悔實據之要件，如引進美國之「假釋預測表[4-6]」設計假釋預測表，做為對已符假釋提報之受刑人施行評鑑測驗，期為審查假釋之依據。另可考量引進日本「社會觀感」的概念，讓社區居民以及被害人，表達是否願意接納或同意受刑人出獄的意見，作為假釋審查之判斷標準。

（三）另就假釋期間未能發揮中間處遇效果：假釋期間具有中間處遇之功能，然受撤銷假釋之受刑人返監後，必須服完其殘餘刑期且不得假釋，是類受刑人將使監獄因情難以管教，足見現行假釋制度配合保護管束之功能不彰，未能發揮其中間處遇之效果。

## 二、受刑人申請假釋的審核

民國90年12月28日立法院通過的監獄組織通則第20條之規定，假釋審查委員會係由當然委員與非當然委員組成，當然委員係指典獄長、教化科長與戒護科長三人；非當然委員皆由社會各界心理、教育、社會、法律、犯罪、監獄學等學者專家及其他社會公正人士擔任，以公開、公正公平及透明之方式共同審查受刑人之假釋陳報。倘假釋審查委員會駁回，則該受刑人必須保持善行四個月後，再行提報假釋審查委員會審查；若受刑人改善情形獲得大多數委員同意，則以監獄名義將假釋審查委員會通過之名單陳報法務部進行第二階段審查。

### （一）我國假釋審核之相關規定

法務部於接受各矯正機關（監／所）所陳報之假釋案件後，分由各承辦人就矯正機關所陳報的假釋案件，其具體情形與在監

表現如罪名（惡質程度）、刑期、過去假釋駁回情形、犯罪動機、犯後態度、累進處遇、更生保護事項及假釋審查委員會之意見，採「書面」審查方式，綜合研判後研擬初步之意見，經由行政流程由法務長批示後，始決定受刑人之假釋是否准駁。

## （二）澳洲申請假釋審核的相關規定

澳洲為有效達到鼓勵受刑人改過向上，規定受刑人在「符合假釋資格日」的6個月前提出假釋申請；4個月前可文件書寫陳述為何其相信本身可以被假釋，如何有正向的說服力，並提出假釋後的計畫；3個月前，由假釋委員會的一個成員與申請假釋之受刑人面談；5個星期前，假釋委員會仔細審核申請假釋受刑人的個人卷檔。假釋的考慮有許多的面向，包括對於社會大眾的潛在風險、對於再犯的評估與預防，以及矯正教化之教育結果。就上所述對於受刑人提出假釋，相較於澳洲的嚴謹審核，我國未做面談就憑書面資料決定是否准駁的做法，實屬便宜行事。

# 三、假釋被駁回的救濟方式

## （一）我國假釋被駁回的救濟方式

依刑法第77條規定和監獄行刑法第81條規定，假釋案件經

假釋審員委員會決議後，報請法務部核准後，方可假釋出獄。通常法務部第一、二次都不會核准，社會矚目案件更不會輕易為核准。造成在監收容人假釋被駁回比例超過五成，且假釋被駁回之收容人「都不知道原因」。當受刑人不服假釋申請被駁回時，其救濟之程序是該採用行政程序還是司法程序，一直以來爭議不斷。

## （二）日本假釋被駁回的救濟方法

日本立法例針對假釋分為陳報及准否二階段，陳報階段係由執行機關認受刑人已符合法務省[4-7]令規定之基準時，而報請地方更生保護委員會准予假釋；而假釋之准否，則屬主管機關地方更生保護委員會之裁量權。地方更生保護委員會依職權應事先聽取受收容審理對象之矯正機關首長或少年院長之意見（第35條第2項）、職員之意見（第36條第2項）及聽取被害人之意見（第38條），始為准否假釋之決定。惟該法第92條規定：「不服地方委員會依本法之規定以決定所為之處分者，得向審查會（法務省之中央更生保護審查會[4-8]）為行政不服審查法規定之審查請求」，針對地方更生保護委員會所為之處分，給予循行政救濟之途徑，得向法務省中央更生保護審查會為行政不服審查法規定之審查請求。因此，日本假釋之性質，陳報階段係由執行機關陳報，並非受刑人主動申請，而假釋之准否

則屬主管機關地方更生保護委員會之裁量權。惟受刑人針對主
管機關所為之處分，依法得循行政救濟之途徑，向法務省中央
更生保護審查會為行政不服審查法規定之審查請求。

## 四、強化假釋期間中間處遇之功能

### （一）我國中間處遇[4-9]制度的施行方式

　　我國對於受刑人於獄中的勞務作業，因考量受刑人是否
會將工廠作業用具做為自殘或攻擊他人等用途，而使矯正機關
（監獄、看守所）受刑人於獄中從事的勞務大多均以毫無技術
性之低格作業為主，致使受刑人在出獄後不但沒有可養活自己
的一技之長，更與社會嚴重脫節。我國雖設有更生保護會用以
輔導更生人就業，但其成效極其不佳，受刑人在不被社會接受
的情形下，再度入監成了唯一出路。

### （二）美國中間處遇制度的施行方式

　　美國社區矯正制度，讓受刑人於假釋前在矯正所內培訓
各種技能、工作態度、衛生保健及家庭責任等事務，使受刑人
能盡早與社會接軌。對於危險性小的受刑人可讓其白天外出上
班，就職單位僅有雇主知道受刑人的身分，這樣的制度不僅能
使受刑人彌補服刑期間與社會脫節的狀況，更能實質的達到教

化及輔導，使受刑人於假釋出獄後能盡快回歸社會。

## （三）德日的「中間處遇」制度的施行方式

　　德日的「中間處遇」制度因為設在矯正署操作的框架，所以難以套在台灣的觀護制度，日本的模式則是在社區處遇的大框架中，理論上應該可以借鏡。比較麻煩的是台灣並沒有像日本那樣設有觀護機關，所以必須透過檢察機關操作，於是又立即產生「位階的衝突」，檢察機關不太可能願意與監獄平起平坐，所以在篩選個案的一開始，就可能產生「指揮與協調」的疑義。

## （四）我國現實上的解決方案

　　另就台灣更生保護會為了避免管理困擾，數十年來排斥自設中途之家或收容處所，迄今尚無可用的安置機構，現實上，法務部並未在觀護制度當中搭配「中間處遇」。可以改進之方法是於法務部及台灣更生保護會以外，尋求其他民間公益機構或個人（如晨曦會、基督教更生團契、已成功更生而意欲回饋觀護領域之企業人士）集資籌建類似的安置處所，再由積極任事的觀護人協調安置事宜，方能有效解決此一問題。

## 五、假釋出獄後社區處遇之功能

在核准假釋後，受刑人在外期間的保護管束業務即交由各地檢署檢察官執行，但皆由觀護人實際執行。目前各地檢署觀護人與受保護管束人的聯繫，都是以到觀護人室面談的方式為主，由於負責保護管束的個案數大增，觀護人力不足，觀護人到府訪視的情形逐漸減少，再加上毒品犯日益增加，觀護人還需要扮演驗尿的角色，業務繁重，而警察官署雖然也負責受保護管束人出獄後的監管，但不是她們主要的業務，所以造成觀護的功能不彰，

### （一）我國假釋出獄後的社區處遇[4-10]

又受刑人出獄後所要面臨的即是生計問題，雖設有更生保護協會輔導出獄人自立更生、適於社會生活，但該協會實際作業多半仍須經由法務部核准，會內成員為無給職，所以人力上相對缺乏，無法提供更生人過多的幫助。更生人在無職業技能的情形下，謀職本就相當不易，更別說背負著更生人的身分，求職碰壁在所難免。因此，我國的撤銷假釋率與再犯率，逐年上升。

## （二）日本假釋處遇後的社區處遇

在日本，受刑人出獄後即由保護觀察所接管受刑人假釋期間之行為監管、考核與生活輔導，並實施「出獄後居住地的環境調整」，免除出獄人重蹈犯罪淵藪中，除協助假釋準備調查外，也協助設施內各種處遇業務及列席參加設施類各樣處遇會議，對促進矯正和更生保護間的聯繫貢獻良多。不像我國係委由地檢署觀護人負責，導致實際功能與輔導不彰。此外日本地方更生保護委員會具有「環境調整」之功能，當發現受刑人再度吸毒或重操舊業時，即可調整其居住或工作環境，預防其再犯，凡此均是未來我國假釋制度修正參考的重點。

# 第五節　章節結語

任何制度的設計並無優劣之分。然審酌我國刑法規定及現行實務狀況，假釋之准駁、假釋駁回後的救濟、假釋前之輔導以及更生保護政策等，皆存在極大的缺失，進而造成我國犯罪率不減反增的情形。

一、參引美國與澳洲的做法，讓符合假釋條件的受刑人提出假釋計畫，並由假釋委員親自與其面談作為假釋准駁的依據。再結合日本更生的機制，設置地區性假釋審查委員

會，並於法務部設置中央審查會，再以法律所規定「若對於地區委員會之決定不服，得向法務部之中央審查會提出訴願，如對訴願結果不服，得提出行政訴訟」。以上之規定若能做為我國修法的方向，不僅保障受刑人的人權，也規範了我國假釋准駁的責任範圍。

二、另由受刑人之角度來看，我國假釋更生制度目前最大的缺失，即在對受刑人出監前之「職業技能培訓」欠缺。完善的職業技能之培訓，能夠大幅度的改善受刑人於出監後必將面臨的生計問題，此實為降低再犯率的首要工作。我國應借鏡美國與澳洲社區矯正制度，使受刑人能盡早與社會接軌；復以日本的更生保護為輔，將假釋出獄的審查、監督與處遇對策專責化，方始能解決受刑人出監後，無法與社會正面接軌的實質窘境。

三、就本章對於我國及各國假釋制度的闡述，並不難發現我國的假釋更生制度，雖有為受刑人考量的表面，然卻沒有解決犯罪問題的內涵。在一個看似完善然而實際上並不健全的機制下，將各國的精隨融入，並保留我國之長處，定能將我國的假釋制度推向一個新的巔峰。

# 第四章
## 刑法重刑化下矯正教化實務之檢討

　　就我國矯正工作環境與定位，在刑事政策理論及實務上一直存在很大的落差。學理上矯正工作被認定是刑事司法體系中之的重要環節，矯正機關提供收容人教化輔導的環境，幫助受刑人免於再犯的重要處遇機制，理應挹注合理的資源與專業定位。但從實務運作或他國矯正與假釋制度比較上，卻可以輕易發現國內矯正工作是備受忽略的一環，長期以來，矯正系統中「低落的幕僚層級定位」，「超額收容的擁擠現象」、「矯正人力的嚴重短缺」等問題，嚴重影響矯正工作之推展，更讓矯正人員感受刑事政策理論與實務的重大落差！

一、就民國95年7月01日刑法修正施行後更加劇烈，面對刑法「重刑化」之修正帶給矯正機關諸多的衝擊，包括長刑期受刑人的逐漸湧現，與高齡化受刑人適應問題，監所擁擠窘境趨於惡化，矯正與假釋定位模糊，矯正人員工作負荷與壓力日漸沉重，導致管理員士氣低落等。其實近年來重刑化趨勢的底層，蘊含著期待矯正機關為嚴重犯罪問題帶

來解決之道；然而不料卻為原本體質欠佳、搖搖欲墜的矯正機關（監／所）帶來更大更多的衝擊。

二、當我們期待矯正機關（監／所）發揮教化矯治功能的前提，應先思索矯正制度面的改革方向，包括（一）矯正系統定位歸屬與專業化方向之檢討；（二）增加對於犯罪矯正工作之投資，紓解矯正機關擁擠及增加合理矯正教化人力；（三）監獄行刑法之研修納入多元化的矯正理念。當我們真正願意重視並落實矯正制度面的改革，再進一步檢討落實教化處遇實務面的各項改進作法時，才能算是真正體現矯正工作在刑事政策的價值。

## 第一節　重刑化政策中矯正教化規定之修正方向

在刑事政策發展的趨勢上，刑法修正一直居於關鍵地位，民國94年1月7日立法院三讀通過刑法修正草案（民國95年7月01日施行），此一刑法修正案於總則部分修正幅度達2/3，為70年來最大幅度之修正，被稱為刑事政策歷史上之重要盛事。

一、此次刑法修正象徵著「寬嚴並濟」或「兩極化」刑事政策的來臨，亦即針對犯罪人採取輕罪輕罰、重罪重罰的刑事制裁措施，然而不容否認地對於矯正系統而言，卻是重刑

化時代的正式來臨[5-1]，其中牽涉矯正領域的刑法修正規定如下：

（一）原有牽連犯、連續犯及常業犯規定均予以刪除，改為一罪一罰，此後經常犯罪者即會被科處數罪，併合處罰之結果，是類犯罪者的刑度將較現行處罰方式更高。

（二）數罪併罰有期徒刑執行的上限，從原有規定之20年，提高為30年，以使犯一罪與犯數罪之刑罰有所差別。並將死刑減輕後的刑度，規定為無期徒刑；無期徒刑減輕者，為20年以下15年以上有期徒刑。

（三）無期徒刑之假釋門檻提高至執行逾25年，始得許假釋，並將現行假釋後滿15年未經撤銷假釋者，其未執行之刑以執行論之期間，提高為20年。

（四）建立重罪三犯及性侵害犯罪受刑人治療無效果者不得假釋之制度：酌採美國「三振出局法案」的精神，對下列有期徒刑受刑人之執行不得假釋：
（1）曾犯最輕本刑五年以上有期徒刑（如殺人、強盜、海盜、擄人勒贖等罪）累犯，於假釋期間、受徒刑之執行完畢，或一部之執行而赦免後，五年以內故意再犯最輕本刑為五年以上有期徒刑之罪者（即第三犯）。（2）性侵害犯罪受刑人於執行有

期徒刑期間接受治療後，經評估其再犯危險未顯著
降低者。

二、重刑化刑事政策的來臨，不可否認象徵著美國1970年代以
來矯治理念逐漸沒落的風潮，已吹向太平洋此岸的臺灣現
今社會，刑事司法體系的鐘錘擺盪至正義（Justice）模式
之一端，也象徵著矯正機關（監／所）面對新一波的挑
戰，觀察美國實施強硬刑事政策2～30年來，監獄人口快
速成長，依美國2002年矯正年報Corrections Yearbook當年
全美監獄成年受刑人有141萬，而無期徒刑及刑期20年以
上者為29萬9千人左右，比率高達20.4%，矯正工作成為
一浩大的社會工程，不僅與治安息息相關，更與政治、經
濟、教育及福利政策密不可分。當前臺灣社會一片治亂世
用重典的聲浪中，矯正工作在刑事司法體系中所承擔的責
任愈來愈重要，本文即在針對「重刑化」的刑事政策趨勢
下，就矯正機關（監／所）現今將面臨的可能衝擊，並進
一步在制度面及實務面提出具體可行之思考對策，希望能
對矯正工作有所助益。

## 第二節　重刑化政策對矯正教化工作的衝擊

我國刑法修正方向受美國刑事政策影響甚深，例如三振出

局法案（Three Strikes and You're Out）、選擇性監禁（Selective incapacitation）、自宅監禁（Home confinement）、電子監控（Electronic Monitoring），及假釋緊縮廢除等政策，相較於美國從1980年代就開始興起之重型化政策，我國已晚了許多年。茲參考美國重刑化政策對於矯正教化工作所產生的影響，並以現行犯罪矯正機關現況為基礎，分析說明當前重刑化政策對於犯罪矯正教化工作的衝擊！

## 一、長刑期受刑人的逐漸湧現

　　刑法修正重刑化的趨勢下，提高假釋門檻、取消連續犯的諸多作為，事實上將直接延長受刑人在監服刑的期間，可預見未來長刑期受刑人人數勢將逐漸增加，儘管刑法修正在民國95年7月01日正式施行，但觸犯刑法的犯罪人尚需歷經偵查審判後才會入監服刑，尤其是涉及重大犯罪者的偵審程序相當漫長，在可預見的未來，監獄受刑人結構的轉變卻是可預見的必然趨勢，長刑期受刑人終將成為矯正教化工作的重心之一，國外許多針對長刑期受刑人研究均指出，長刑期受刑人在監獄生活適應、心理狀態、人際互動及未來再社會化的過程，相較於其他受刑人，實有其特別之處，因此矯正機關（監獄、看守所）教化處遇措施，必須針對長刑期受刑人的特性而預作規劃

與因應措施，對於矯正機關是全新的經驗，也是極具極具挑戰性的矯正新局面。

## 二、受刑人超收擁擠窘境趨於惡化

　　美國刑事政策趨於強硬懲處取向，讓許多州及聯邦司法體系廢止不定期刑及假釋委員會，而改以定期刑代之，直接對美國監獄擁擠現象有著推波助瀾之影響；而對濫用、非法使用藥物之宣戰政策，亦影響刑事司法各部門之偵查起訴與審判。

　　（一）矯正機關（監／所）擁擠的問題，長期以來一直困擾矯正主管機關，近10年來矯正機關（監／所）一直處於超額收容的狀態，儘管歷年來矯正主管機關法務部企圖採行各種不同的措施，來紓解矯正機關（監／所）受刑人擁擠的現象，但成效相當有限，受刑人仍源源不絕地湧入監獄，致使多年來矯正機關（監／所）仍呈現超額收容擁擠的現象。事實上當監禁被視為解決社會犯罪問題的主要手段時，監獄會面臨一波擁擠的高峰。如民國79年行政院衛生署公告安非他命為「麻醉藥品管理條例」之管制藥品，以「毒品危害防制條例」由三級改列為二級毒品之入罪化，將吸食、持有、轉讓及販賣安非他命

應科以刑罰後，迅即反應於各監獄人口的大幅成長，監獄飽受超額收容之苦。

（二）此外「重罪重罰」的理念，反應在矯正系統的明顯趨勢即是假釋核准率的逐年下降，相對應的現象就是受刑人數的快速攀升。當犯罪與治安話題不斷在社會延燒，而治安及司法部門祭出大規模掃蕩犯罪的短期措施時，受刑人人數不斷的向上爬升，因而牽動整體矯正機關超額收容的現象，當矯正機關（監／所）法定收容額仍維持不變的同時，欲以有限的監獄空間容納更多受刑人，直接的負面影響即是監獄爆滿，監獄舍房工場空間更加擁擠，受刑人生活空間緊縮，各項生活服務諸如飲食、工作、衛生、醫療、康樂活動等品質的降低，嚴重影響收容人應享有各項基本生活權益，事實上當受刑人基本生活及心理需求都因監獄擁擠而受到影響時，期待更高層次教化矯正處遇品質似乎是一種奢求。當刑事司法體系的上游沸沸揚揚企圖安定人心的重刑化政策的推展，如果不能同步配套有效改善刑事司法體系的矯正機關（監／所）受刑人擁擠的情形，恐怕只會造成監獄更大的災難。

## 三、矯正教化人員的定位模糊

　　監獄行刑法第1條規定「徒刑、拘役之執行，以使受刑人改悔向上，適應社會生活為目的」。我國監獄矯正政策明顯偏向以矯治為目標，矯治理念也成為矯正政策推展的主軸，在這樣充滿仁愛理想的崇高目標下，當前矯正機關（監／所）究竟是否具備應有的軟硬體資源，而足以承擔如此理想的功能？

　　（一）對於矯正機關（監／所）功能單一化理念的疑慮是一直存在的，當重刑化的思潮蔓延台灣社會時，恐怕更加深了矯正人員的心中的疑問？其實這樣的疑問在美國強硬刑事政策發展之際，也充斥在國外的矯正人員心中[5-2]，國內早期針對管理人員及教誨師調查發現：

| 管理人員認為監獄功能為 | | 教誨師認為監獄功能為 | |
|---|---|---|---|
| 矯治取向 | 34.7% | 矯治取向 | 45.2% |
| 隔離 | 34.7% | 隔離 | 36.5% |
| 嚇阻 | 13.2% | 嚇阻 | 14.7% |
| 應報 | 17.4% | 應報 | 3.6% |

（二）此外如同美國矯正人員一般，矯治理念有下降之趨勢，同時發現職位愈高者愈趨向贊成矯治，而職位愈低者選擇矯治有偏低的傾向，他認為職位較高者，並非站在第一線，與受刑人接觸時間機會少，加上較願意配合政策，故持理想的看法與態度，相反地職位較低的管理人員則持保守的態度，面對刑法改革中以重刑化為主的矯正體系，面對理想與現實之間的落差（實務運行），確實是矯正人員的一大難題。

## 四、矯正人員工作壓力沉重，士氣低落

依監獄組織通則第4條規定，教化業務係由監獄教化科掌理，主要成員為教誨師，負責受刑人假釋及教誨工作，依矯正機關（監／所）設置教誨師職位的本意，其核心業務原應為受刑人個別、集體及類別教誨工作[5-3]，但事實上並非如此，

（一）教誨師業務相當繁雜，除了教誨工作外，尚需兼辦監所其他行政業務、假釋業務、文康活動、縮短刑期、書刊檢查管理等，而為確保每一項業務之實質進行，都必須以詳細書面資料留存，以備督導考核，以致多數時間耗費在撰寫書面報告資料，更嚴

重的是面對眾多受刑人個案的沉重負擔，教化工作難以真正落實，早在87年間全國矯正機關（監／所）教誨師編制133人，平均每位教誨師負擔269位受刑人個案，工作負荷稍降低，但是經過漫長近20年之久，教誨師工作過重的情形卻沒有改善，反而更加惡化，民國95年5月全國矯正機關（監／所）教誨師編制144人，平均每位教誨師負擔351個受刑人個案，教誨師在長期超重的工作負擔下，仍得維持對於矯治的理想與熱情，其困難度是可想而知了。

（二）如果教誨師的情況是如此，矯正機關（監／所）第一線管理人員如何呢，儘管在現行實務上將管理人員定位為受刑人戒護管理性質，但第一線管理人員是全天候第一線直接與受刑人互動的矯正人員，正是能夠直接對受刑人發揮密切正向影響力，教化工作不能忽略管理人員的關鍵，不僅在於教化成功的基礎是建立在穩定戒護管理的囚情之上，更是教化工作的樞紐，尤其受刑人盤根錯節強而有力的犯罪副文化影響下，幾乎很少受刑人能免於負文化的影響，充足而高素質的管理人員可以提高與受刑人日常生活互動頻率及層次，提供正向認知態度及行為

學習方向，緩和監獄負文化的負面影響，對於教化工作具有加乘提升的效果。

（三）矯正機關（監／所）管理人員面臨人力不足的窘境，民國86年間的管理人員與收容人比例為1：11，在刑事政策趨於嚴格，收容人激增下，民國95年4月間管理人員與收容人比例不減反增為1：13（日夜輪班），相較於歐美先進國家，相去甚遠，甚至亦遠遠不及東亞的日本、韓國、泰國、菲律賓及中國大陸[5-4]，矯正機關（監獄、看守所）矯正人力不足，以致裁撤勤務崗位、停止輪休在所多有，導致工作繁重，士氣低落，造成管理人員流動率高，也造成矯正經驗無法傳承延續的困境。

## 五、高齡受刑人增加，成為監獄受刑人特殊族群

依法務部矯正司統計民國95年3月底各監獄65歲以上受刑人計459人，占全部受刑人中0.9％，比例並不高，然而值得重視的是，隨著刑期的增長，受刑人在監服刑的時間增長，未來矯正機關（監／所）老年受刑人增加後，勢必成為矯正機關（監／所）教化處遇上的新議題，矯正教化人員必須正視受刑人高齡化的趨勢，以美國加州為例自1994年實施三振出局法案

等強硬刑事政策法案以來，研究發現50歲以上受刑人明顯增加11.4%，死亡率增加12.2%，由於受刑人趨於高齡化之後，行動及生理機能活動趨緩，疾病醫療需求增加，也因需要高水準的照料，故易激增監禁費用，且60歲以上之人多半擁有一種以上慢性疾病，時需更多藥物及物理治療，有時還必須面對HIV/AIDS之治療問題，使矯正機關（監／所）當局備感棘手，此外，高齡受刑人情緒及人際互動模式具獨特性，過去監獄以青壯年受刑人族群為主的教化處遇措施，並不見得適宜老年受刑人，而有針對其年齡層獨特需求加以調整之必要（於日本老人犯罪情形嚴重，監獄變老人安養院）。

## 第三節　重刑化政策下的未來長刑期受刑人效應

　　過去我國矯正機關（監／所）對於長刑期受刑人處遇缺乏經驗及規劃，而國內也少有相關的學術研究，未來從民國95年7月01日新刑法施行以後，已見長刑期受刑人逐漸出現於矯正機關（監／所），成為矯正工作的一大挑戰。

一、根據美國學者Flanagan（1990）之研究[5-5]，長刑期受刑人無論在與外界的關係、監獄內的人際交往、墮落頹廢的恐懼、刑期終結的不確定感，以及對監獄環境的無奈感上，

皆呈現明顯絕望自殘的症候。茲分述如下：

（一）長刑期受刑人所面臨之一大生活考驗為與外界（如家庭、親戚、朋友）關係的斷絕。長期監禁的結果使得原已建立之家庭社會關係，皆面臨冰凍的命運，這對於接受嚴厲刑罰而極需關愛的長刑期受刑人而言，無非是一大打擊。

（二）長刑期受刑人在監獄內亦面臨發展人際關係的困境，例如，許多長刑期受刑人（尤其是年老者）根本無法認同那些短刑期，而隨時可回到街頭享樂之犯罪者，徒然增加了其生活之孤寂。加上矯正機關（監／所）各類型人犯流動頻繁並且往往互相猜忌，使其無法與其他受刑人建立較為親密的朋友關係。

（三）墮落、頹廢和失落感亦對長刑期受刑人構成鉅大威脅，尤其在長期無法對時間做有效運用下，更覺得墮落、頹廢問題的嚴重性。換言之，在其他受刑人之刺激較量下，長刑期受刑人常有老化及心有餘而力不足之感。

（四）釋放日期之不確定性，往往對長刑期受刑人造成焦慮。事實上，研究顯示此種焦慮不安在長刑期受刑人身上甚為明顯，對其身心有顯著的負面效應。

（五）長刑期受刑人大都偏好穩定之服刑環境，倘執行監獄在運作上缺乏明確的規定與遊戲的規則，對於長刑期受刑人而言，無疑是一項強烈焦慮的來源，因為生活在不可預知的情況下，很容易令人感到沮喪、不安。

二、除上述美國學者Flanagan（1990）指出長刑期受刑人所面臨影響之外，國內學者研究指出長刑期受刑人因其犯罪歷史、犯罪複雜性、暴力傾向、社會背景及對監禁上之反應與一般中短刑期受刑人呈現迥異現象，再加上必須接受長期監禁之考驗，這些錯綜複雜之因素使長刑期受刑人之監禁處遇問題更加棘手及困難，並指出以下長刑期受刑人存在的問題：

（一）身體健康方面：受刑人高齡化問題必將伴隨著長期監禁而產生，老年受刑人比年輕受刑人有較多生理，及心理疾病問題且較容易造成意外傷害，因此通常需要更多的醫療照護。但監獄因監禁空間有限及整體生活管理之需要，無法提供老年受刑人充分之休閒及運動，除前述高齡化造成之生理及心理疾病外，因長期缺乏充分休閒及運動將更導致其生理加速老化。然目前我國整體矯正處遇上最脆弱的一環即是受刑人醫療問題。可以預見在矯正醫療問題

未能妥善解決前，老年受刑人生理、心理疾病及意外傷害將無法受到良好的醫療服務，澈底解決之道宜設立老年專業監獄，使他們獲得良好管理及醫療照護。

（二）愛滋病的問題：後天免疫缺乏症候群現在已成為我國矯正處遇工作的重點之一，目前在英美等國由於醫療工作倫理之因素，監獄管理者並不能對所有入監者進行篩檢，但是根據初步估計可能有30-40%的收容人暴露在愛滋病感染的風險下。我國則依據行政院訂頒之「後天免疫缺乏症候群防治第三期五年計畫5-6」、「法務部所屬各監、院、所收容人HIV個案管理方案」及「監獄行刑法第51至55條」之規定，配合辦理收容人愛滋病防治及管教措施。據統計截至民國94年07月底為止矯正機關收容人數為59,206人，其中愛滋病收容人達1,227人，占總收容人數2.72%，而12月底已高達1,742人，占總收容人數2.9%，增加速度之快令人怵目驚心。可預見未來吸食及施打毒品犯罪或合併其他犯罪之受刑人，若因其假釋後仍然不斷犯罪而符合「重罪三犯」之要件而受長期監禁。另外因性侵害12犯罪受刑人治療無效果者亦將不得假釋，前揭受刑人皆為

愛滋病之高危險群，因此未來矯正機關（監／所）
內，愛滋病受刑人將隨長刑期監禁而不斷增加（目
前HIV受刑人採集中管管理），然此一負面影響亦
將造成政府長期龐大的醫療負擔，更增加矯正處遇
工作上之困難。

（三）精神疾病問題：受長期監禁者因與親友長久分隔，
且人身自由受到長期的拘束，此種監禁的挫折與壓
力，導致部分受刑人出現情緒困擾、思想停滯、強
迫性觀念、幼稚與退縮行為，進而造成精神問題，
即所謂之監獄精神病（prison psychoses）。雖然長
期監禁不全然必須為收容人的精神錯亂負完全責
任，但是長刑期受刑人仍然會因適應上的問題，而
出現許多精神上的問題，尤其智能比較低下之受刑
人因其適應周遭環境的能力較差，此問題更容易發
生。因此長刑期受刑人之矯治處遇對於其生活適應
及精神問題應加以重視，尤應在出現生活適應困難
初期，矯正工作人員即應給予必要之協助並加強心
理輔導。另外應加強其與親友之接見、對外界資訊
之取得及生涯規劃，以減少其精神疾病之發生。

（四）自殺及自我傷害：雖然只有少部分的精神沮喪者會
自殺或企圖自殺，許多學者發現自殺通常發生在長

期監禁的初期（末期亦有）。如前所述，長刑期受刑人於剛入監執行期間，一方面因與親友分離再加上對離開監禁處所之日感到遙遙無期，另一方面對於監獄之管理及生活上尚未能完全適應。因此對於新入監之長刑期受刑人除協助其生活適應外，應加強其監視及戒護。

（五）無法適應未來自由社會而再犯：由於長期監禁於矯正機關與其他人犯不斷地接觸互動中，學習到許多監獄規則及人犯次級文化來逐漸適應監獄生活，而有監獄化現象，且因同化與順應結果，長刑期人犯一旦假釋出獄後勢必只能適宜監獄生活而難以適應自由社會生活而重蹈覆轍，走向再犯罪道路，導致再犯率提高。

三、截至民國105年12月臺灣各矯正機關（監/所）受刑人，刑期10年以上者人數雖已達9262人，占全部受刑人19%[5-7]，惟上開受刑人除假釋中再犯經撤銷假釋執行殘刑者外，餘均係適用舊刑法假釋規定而得以有機會提前釋放，實際在監執行並不會逾宣告刑期，絕大多數受刑人對於獲得假釋重獲自由是充滿期待的，儘管重刑化的趨勢下，監獄多被視為懲治惡性重大的犯罪人的方式，將危害社會的犯罪人排除於自由社會之外，隔離拘禁於監獄之中，意味著自由社

會的人們可以獲得更多幸福安全生活的保障，但無論監禁的時間再久，惡性再重大的受刑人終有一日會再重回自由社會，出現在你我生活週遭之間。加拿大學者即曾針對長刑期受刑人進行多年的研究，結論是「合適的教化和處遇，是預防再犯的關鍵」（Porporino, 1997），監獄有責任協助受刑人為將來回歸自由社會生活，在心理調適及社會適應等各方面做好準備，而在受刑人為其罪行付出代價之後，社會也要學習接納更生人回歸自由社會的一員。

## 第四節　重刑化趨勢下的矯正改革方向

許多人在討論犯罪問題或犯罪抗制的議題，最後出現這樣或類似的建議：加強監獄矯治功能或加強監獄教化功能，似乎把犯罪人關進監獄，然後高喊加強矯正教化，就可以改善嚴重的犯罪問題，但矯正政策是刑事政策之一環，也是社會政策的重要環節，需要社會共同面對、共同解決，任何討論受刑人教化處遇的實務作法，都必須優先解決矯正制度面存在的問題，否則其效果是極其有限的。

## 一、制度修法之思考

### （一）矯正系統定位歸屬與專業化方向之檢討

　　矯正工作存在許多實務的問題，可能必須回歸矯正組織架構面向的思考，矯正系統現行歸屬於法務部之下，僅由矯正署執行全國78所矯正機關（監／所）及近八千名人員，長期以來存在著組織層級矮化、權責劃分不清、管理控制幅度過大、指揮系統式微及缺乏體制歸屬感的困境。面對重刑化刑事政策對矯正工作帶來的衝擊，不得不去正視矯正系統定位於法務行政之下的困境，而勢必要透過以更宏觀的組織再造過程，思考矯正系統在中央政府組織架構中，究竟應定位歸屬於法務部或內政部體系[5-8]，才能真正體現犯罪矯正工作之專業價值。環顧英國、加拿大、新加坡等先進國家之矯正系統組織[5-9]，與警察部門相同，係歸屬於內政部之下，而非法務部。事實上內政部轄下除警政部門外，尚有主管民政、社會福利、家庭暴力及性侵害防治、兒童老人福利、宗教輔導、社區發展、戶役政等重要民生業務，攸關出獄受刑人重新復歸社會成功的關鍵，歸屬於內政部之下當有助於建構更完善的社會輔導扶助網絡。此外，矯正人力不足的現象得以與警政部門警力資源需求同等看待，受到同等的重視，必要時可以透過在同一部會下的內部協商機

制由警政部門保安警察支援外圍戒護警力，使更多矯正人員可以投入教化矯治的核心工作，值此政府進行組織再造工程的階段，倘法務部未能正視，未來思考矯正系統重新定位歸屬，或許是矯正系統重新開始新生命的契機。

## （二）增加對矯正工作之投資，紓解監獄擁擠及增加矯正教化人力

刑事司法體系包括警察、檢察、法院、矯正、觀護（更生保護）等系統，其主要任務極為抗制犯罪不法，防衛社會安全，實現公平正義及確保民眾福祉，矯正系統位於刑事司法體系的下游，當重罪重罰的重刑化刑事政策，正式由矯正系統一肩扛下，但矯正系統卻沒有相對增加合理的軟硬體及人力資源配置，矯正系統資源嚴重不足並非為短期之問題，長期以來管教人力不足及監獄擁擠未見有效改善，正是矯正人員心中的痛，一位獄友江〇中先生對於當時矯正實況的觀察是這樣的：「監獄客觀條件令人憂心，臺灣投資在矯正方面確實有限，監獄矯正人員職位低、待遇差、流動性大、影響士氣，矯正人員編制嚴重受限，受刑人與管教人員的比例過高，影響戒護安全與處遇輔導，一方面監獄缺乏優良的矯治環境與條件，無法應付湧入的受刑人潮，另一方面我們沒有完整的社區處遇來疏通中短刑期的受刑人，這些均是造成社會治安犯罪問題惡性循環

的現象，受刑人出監再犯則交相指責監獄矯治失敗，這是不公平的，我們社會對矯正工作既不重視又不投資，其效果也是可預期的」。

10年後的今天，這段話依然可以用來描述當前矯正工作之實況，矯正困境改善實在有限，10年來管教人力比依然高居不下，而矯正機關如今依然呈現擁擠現象，尤其南北都會區矯正機關更是嚴重超額收容，矯正機關遷建工程呈現牛步化階段，無疑地必然弱化監獄教化矯治受刑人功能，而其苦果卻是要整個社會共同承受，因為監獄在資源不足的情形下，充其量能確保囚情安定，已是盡其所能[5-10]，因此應該要多重視並投資犯罪矯正工作，採行有效措施紓解監獄擁擠[5-11]，並增加合理矯正教化人力，讓矯正機關收容人不僅在居住空間及教化輔導的基本需求能符合國際人權指標，也讓矯正人員能在合理的工作負擔下奉獻其心力於矯正教化工作，提升矯正工作品質。

## （三）監獄行刑法之研修，納入多元化的矯正理念

事實上當前監獄矯正的趨勢，無論是政策走向或矯正人員觀點，已不再侷限於單一的矯治理念，但也不可能回到過去專以懲罰或報應的思想，監獄矯正功能是會隨著時代脈動而調整，隨著刑事政策思潮的變遷而有所調整[5-12]，更重要的是隨著政府在矯正體系資源的投資多寡，會具體反應在受刑人矯正品

質的良好與否，過度固著特定意識形態的矯治理念，不僅無視於當前監獄現實客觀環境及人力窘境，對於矯正人員亦是不可承受之重的壓力，然而監獄並非放棄矯治理念，而是在統合性監獄矯正理念下，以矯治理念為核心，讓監獄不僅扮演著積極「矯治」受刑人改悔遷善的核心角色；同時也「隔離」著危害社會的犯罪人，使受刑人為罪行付出應有的代價，並以穩定的監獄囚情提供社會安全更大的保障；「嚇阻」潛在犯罪人及受刑人的再犯企圖；滿足被害人及社會大眾的正義情感，進一步提供受刑人未來在自由社會團體「重整」及「修復」的管道，因此現行監獄行刑法第一條開宗明義揭示用以主導矯正之方向，確實有進一步加以修正並納入多元監獄矯正理念之必要。

## 二、教化實務面的思考

　　國外監獄面臨長刑期受刑人收容及處遇之問題時，Flanagan（1990）即建議對長刑期受刑人應擴大其自我決定之空間[5-13]，創造受刑人尋找有意義生活的機會，並增加受刑人與外界接觸的管道，筆者針對未來長刑期受刑人在教化處遇方面，提出以下六點建議：

## （一）教化處遇團隊的重組與專精化

矯正系統在戒治所依法進用心理師、社會工作員及輔導員之後，在毒品犯教化輔導工作上呈現更為細緻化的專業分工型態，而受刑人存在諸多生理、心理及生活適應問題，長刑期受刑人更甚於此，相對突顯傳統監獄受刑人教化工作係以教誨師為主體的型態，兼有輔導、假釋及行政業務等情形，恐已不符未來長刑期受刑人處遇專業化的需求，因此參考國外監獄教化處遇團隊設置心理醫師、心理師、社會工作師及個案工作者的模式，依據受刑人不同需求由不同專業人員施予適切處遇，因此參考法務部戒治所組織通則之規定，研修監獄組織通則於監獄內增設心理師及社會工作師，方能符合當前先進矯正潮流。

## （二）發展受刑人危險評估量表

矯正機關（監獄、看守所）受刑人數眾多，其犯罪背景、動機、人格等複雜程度不一，為使矯正資源作最符成本效益之運用，矯正處遇上針對不同再犯危險性高低及其特性，施以不同層級的矯正處遇，方能獲致最佳矯正成效，由於國外矯正界在假釋決策上已普遍導入使用「假釋再犯預測量表[5-14]」，作為假釋審查委員判斷受刑人再犯危險性高低之輔助參考，以期能

做出適切的假釋准否判斷，近年來國內學術社群亦積極開發再犯預測量表[5-15]，而且其趨勢係針對各種不同主要犯罪類型罪人建立適合之本土風險評估量表，此將可成為輔助矯正處遇工作的利器，在新刑法針對性侵害犯罪人在犯危險性未顯著降低，不得假釋的規範下，建構更具公信力的危險評估工具，益發顯得迫切，未來矯正實務界與學界有必要更進一步緊密合作，參考美國聯邦假釋委員會Salient factors scores量表[5-16]等，開發更適合本土受刑人危險評估量表，並透過量表在矯正實務上的操作，提高量表的信效度，建立更為精確的預測指標，在矯正處遇初期可以作為教化資源配置及戒護安全等級之考量，而後期亦可作為評估矯正成效及假釋核准的參考。

## （三）開發暴力犯罪者可行矯治方案

新刑法重刑化規範對象主要係針對重大暴力及性侵害犯罪者，由於此類犯罪者經常具有非理性思考、僵化認知型態及低自我控制能力的情形，矯治困難度高，惟基於受刑人自願參與的教化處遇方案，仍可幫助其適應監獄生活並降低再犯可能性[5-17]，例如國外研究顯示認知行為療法在犯罪人矯治工作上獲致頗為正面之成效，其主張應先對受刑人錯誤偏差的思考型態進行矯正，並非尤其外顯行為下手，從而在導正受刑人偏差之思考型態後，進一步教導其合乎理性、客觀、邏輯的思考模

式，妥善處理人際衝突，增進溝通技巧，是有助於抑制未來再犯發生之重要關鍵，此外，生命教育方案及靜坐內觀療法亦多有作為矯治暴力犯罪者之有效措施，未來針對各類犯罪者，尤其是暴力犯罪者，可開更多嶄新矯治方案如藥物治療、藝術療法、書寫治療、綠色治療等，並進一步深入評估其成效，以作為擴大實施之參考。

## （四）加強宗教教誨功能

宗教教誨一直是監獄教化工作的重心，相關研究也證實宗教教誨對於受刑人的正面影響，長刑期受刑人在漫長的監禁生活中很容易對未來失去信心，造成自我貶抑的心態，甚至自殺傾向，特別是在長刑期受刑人監禁初期，因此在尊重受刑人宗教信仰及意願的前提下，宗教教誨的介入，適可以提供受刑人安定心靈的力量，安定焦慮不安的情緒，進而發展有意義的監獄服刑生涯，同時筆者要指出宗教教誨應該是循序漸進、由淺而深的階段性歷程，對於不同宗教教義瞭解接納程度的受刑人要施以不同程度的宗教教誨課程，監獄可以引進宗教大學教育資源，使受刑人由入門、基礎、進階乃至於高階的宗教教誨學習過程，真正體會宗教勸人為善，兼愛天下的博愛精神，並可在漫長的監禁生活歷程中，培植學有所成之受刑人擔任監獄宗教傳道者的角色，以其實際經驗現身說法，提供受刑人同輩團

體自我教導、自我成長的機會，讓監獄成為長刑期受刑人另類自我實現的場域。

## （五）建立受刑人家庭及社會支持網絡

家庭支持力量是幫助受刑人適應監獄生活，克服對長期監禁的心理恐懼的主要力量，監獄需適時建立受刑人與家庭親人的溝通管道，減少受刑人孤獨被遺棄感，適度開放外界社會的多元化資訊，依其心理及社會適應需求舉辦專題演講、研討會、小團體諮商輔導等。並且儘量協助其仍能與家人維持良好之關係，以獲得家人之關懷與支持，並在監獄發展興趣專長，尋得生活之目標，監獄對於能積極配合矯治處遇計畫者，應在不妨害戒護安全之前提下，儘量協助提供與社會接觸互動之機會，協助其開拓心胸，提升人際關係之應對技巧，促進發展彈性思考、圓融人際互動及增強對未來回歸社會之自信。

## （六）高齡受刑人之輔導照護

國外的經驗顯示重刑化政策與受刑人高齡化現象是相隨而生的，矯正教化人員必須面對高齡化受刑人的現象[5-18]，尤其長刑期受刑人監禁至末期，多數將邁入老年，此時受刑人因身體機能老化及長期監禁造成其「孤寂」且有被遺棄之心理，甚至形成「機構依賴」，因此其處遇應加強醫療照護、招募義工

協助心理輔導及安排休閒活動，以協助其自我調適維持身心健康；為避免監禁後期該類受刑人對監獄之依賴加深，一旦重返自由社會將產生恐懼感、缺乏職場競爭能力、適應社會生活困難，所以監獄在個案之生涯規劃上，應及早連繫及建立更生保護之輔導支援網絡。

## 第五節　結語

於規模最大的刑法修正案施行後，牽動的不僅是犯罪偵查與審判工作，更帶給矯正機關新的危機，危機亦可以是另一個轉機，然而筆者必須直言，矯正實務面的深耕及教化成效的展現，實是有賴於矯正制度面的改善，這也是矯正人員長期以來的心願，很不幸的矯正歷史顯示，矯正機關重大事故的發生往往可能才是提供催化制度改變的動能，回顧10年前的新竹少年監獄暴動[5-19]，加速開啟了少年矯正制度的全新變革，矯正學校取代少年監獄成為犯罪少年另一個再教育的處所，犯罪少年如今在矯正學校擁有寬敞的空間及完整的教學資源，然而這一切卻是矯正系統必須付出慘痛的代價，在監獄受刑人暴動騷動的吶喊聲中，吸引臺灣社會媒體、立法者及決策者的關注目光，才得以催化促成制度面的快速變革，矯正人員在這波重刑化浪潮中不會、也不能缺席，但迎接未來穩健真誠的改革而非

口號、亦非監獄流血暴動催化下的改革，是矯正人員共同的心願，過去在惡劣的環境下，也在漫長等待制度改變的艱辛歷程中，筆者看到了絕大多數矯正人員面對由外而內紛沓而來的困頓與非專業責難時，展現了堅毅、忍耐、包容、寬恕的特質，相信未來如果能為矯正人員爭取更好的組織定位、工作環境及人力資源，矯正人員會有信心把犯罪矯正工作做的更好。

# 第五章
## 結論（檢討與興革建議）

　　陳前總統卸任後因案遭到羈押並入監服刑，部分人士只見到陳前總統受到的不人道待遇而「要求改善及要求准許其保外就醫」等，而未更深刻思索我國受刑人及被羈押人之人權長久不被尊重，而與國際規範存在落差的嚴肅問題。過去，受刑人在監獄內的人權一直未能受到社會大眾與主流民意的正視，在應報觀念的主導下，總認為這些服刑或因案被羈押的人是罪有應得，少有同情。長久以來雖有民間團體（如中華人權協會等[6-1]）持續監督關懷受刑人人權問題，並定期發表報告，但始終也未能獲得廣泛共鳴迴響。或許有鑑於此，行政院針對各矯正機關嚴重超收問題，要求法務部積極推動並落實執行短中長期因應對策，持續努力謀求紓緩犯罪人口增加的策略。希望此契機可以改進受刑人及羈押人之處遇，使其人權獲得保障。

# 第一節　善待受刑人之正面社會意義

## 一、提升受刑人應有之人權保障及維護

　　長期以來，受刑人及被羈押人一直與軍人被視為係具有「特別權力關係」的對象，行政主體可因此以單方規範限制其基本權，而此等權力相對人負有容忍服從的義務。由於特別權力關係嚴重悖離人權理念，不符現代法治國原則的要求，已逐漸遭到揚棄。近年來司法院大法官所作相關解釋，亦顯現出此一應為揚棄之趨勢，甚至在釋字第684號有關學生權益爭訟的解釋，有大法官謂「盤據我國半世紀之久的特別權力關係，自此應化為歷史的灰燼[6-2]」。

　　然而相較於公務員及學生擺脫特別權力關係束縛，受刑人及被羈押人權益卻仍然遭到漠視，監所超額收容只不過是諸多問題的冰山一角而已。尤其為澈底實踐「公民與政治權利國際公約」及「經濟社會文化權利國際公約」施行法[6-3]，以提升我國際人權地位，順應世界人權發展之潮流；而探究受刑人處遇現況問題，提升其人權保障，顯已成為當務之急。近年來監所人犯的人權議題，諸如人犯律見時是否可以監聽？假釋駁回後是否可以提起訴訟請求救濟？以及是否符合社會正義等……，

突然間躍然紙上與媒體，成為社會大眾關心注目的焦點。人權，是驅動一個社會與國家邁向民主方向的洪流，在此洪流的衝擊下，任何一個個人或團體，即使再怎麼不願意，也無法抵擋這股洪流的力道。換言之，受刑人或被羈押人其權利之抬頭，並非偶然，而是無法抗拒的時代潮流。

## 二、社會因為善待受刑人而受益

　　監所是一個民主國家關押因犯罪而被法院判處「須與社會隔離」犯罪人的機構；愈民主的國家，社會愈支持監所的存在，國家就愈蓋愈多監所，例如美國。然而著名的法國人類學家李維史特勞斯[6-4]在其1955年的名著「憂鬱的熱帶[6-5]」一書中，論及現代人「必須承認我們的社會習慣中，於本質上是有與食人族習慣相類似的一面」。李維－史特勞斯所要表達的，無非是藉由法治社會的角度觀之。社會可以分為「包攝型」社會與「排除型[6-6]」社會。在他觀察非洲食人族的部落中，他發現這些食人族生活雖然原始、野蠻、未開化，但對違反規範的族人卻採取「包容」的方式處理。例如以調解、談判與斡旋的方式（機構化處遇模式）在獲得被害族人的同意下，將衝突事件妥善處理完畢，並不會將犯錯的族人流放或收容於監所中，還是成為族群裡面有生產力的一分子。換言之，這種原始社會

吸收擁有危險力量的某些人們，將其力量中和，有時亦會將這些力量轉化成有益之動源。

（一）另一方面，身為「已開化」的我們，生活力求現代化與文明，但與食人族一樣遇到有衝突事端發生時，我們的處理措施是完完全全地異於他們的作法。我們所屬的社會擁有排除的習慣，會將這些危險的人物排除於社會之外，不管是一時性的抑或持續性的，將這些人放置於特別且為排除這些人而設計的設施內（即監所），使他們與其他人們的接觸完全斷絕，故稱為「排除型」社會。兩種社會都會碰到同樣的問題，但卻採取南轅北轍的對應方式。從那些我們稱作「未開化」的部落民族眼光來看，我們這種社會的作法更非常恐怖了吧！當我們非難這些未開化的社會為野蠻時，諷刺的是，我們是不是完完全全地更加野蠻，將我們的同胞排除於我們的社會而關閉在監所內，而且愈蓋愈多，權益與生活條件愈加忽略與漠視！

（二）日本是一個非常重視羞恥感的國家。日本人的武士道精神其實就是一種「羞恥感的體現」。澳大利亞犯罪學者布列斯威特在日本的研究發現，當一個社區愈排斥犯罪人，例如不願意給他自新的機會、剝

奪他們在監生活的權益與條件、家人與親友對他淡薄、冷漠以對……；這些犯罪人感受到「慘遭社區民眾的排擠與冷漠」時，他們對於社區也就倍增憎恨。所以，當他們回到社區時，那種對於社區所傷害的力道，反彈為之更大，更甚於他們之前對於社區所進行的傷害。所謂「水可載舟、亦可覆舟」，布列斯威特也觀察到，有一些社區的居民「善用羞恥心」者，會鼓勵犯罪人與其家人、社區居民，特別是與被害人及其家屬對話，給犯罪人自新的機會，並透過公正第三人的調解與斡旋，達成善後的共識。

如果犯罪罪行比較輕微，法官於接獲被害人與社區公正第三人的意見後，大多會給予留在社區的機會而不會判處入獄。這樣的結果帶來的是，啟動這些犯罪人的羞恥心，他們更願意為這個社區努力與服務、改過自新，以報答社區給他自新的機會。即使罪刑嚴重必須入獄者，法官也會斟酌減輕其刑，在監獄中提供較佳的處遇機會，例如在監表現良好，並獲被害人或其家屬之同意、社區代表的支持，犯罪人可以提早假釋出獄。

（三）從布列斯威特的研究中發現，日本雖然是一個高度現代化的社會，但他們也盡量保有「包攝型」社會

的作法，妥善運用羞恥心的力量，讓其刑事司法體系必須等到一般的程序，如犯罪人對大眾的公然道歉、對被害人的賠償，以及被害人不願意原諒犯罪人等，都無法奏效時始能發動。換言之，羞恥感是日本社會呈現低犯罪率的成功因素。而上述的具體作法也就是當前法務部正在推動的「修復式司法[6-8]」。在經過試辦後在地檢署的追蹤調查發現，多數的被害人「感覺正義得到實現」，多數加害人也承諾「會全力避免此類案件再次發生」，顯見修復之功能。

（四）從日本的案例我們可以知道，當一個文明的社會愈排斥犯罪人時，他們對於整個社會只有憎恨，不會有悔改之心。如果再不改善受刑人在監之基本人權與生活設施之品質，恐怕這些受刑人離開監所重返社會後，只會更加的報復社會、暴虐地侵害大眾的權利，更造成人心惶惶。然後社會大眾再結合政客，力倡「治亂世用重典」，修改法律，想方設法再度將這些人丟入更高聳、更髒亂的牢籠裡，再度剝奪他們的一切權利。試問，這樣的「惡性循環」是我們文明社會所應該存在的嗎？當我們正在笑那些「未開化」的食人族野蠻時，他們又會以哪樣的

眼光來看待我們這些自詡「已開化」的社會去羞辱我們的族人呢？

（五）從近年來大法官會議解釋一系列「改善監所人權」的角度觀之，我們的社會應該從「排除型」社會，慢慢向非洲原始部落學習走向「包攝型」社會。當受刑人的權益改善了，生活環境與品質變好了，更深層的意義即代表整體社會願意重新接納這些犯罪人。當這些犯罪人「感受到社會重視他們的權益」，傾聽他們的聲音，並願意給他們自新的機會，除了改過自新外，將會更加的回饋與報答社會。如此的結果，社會整體的暴戾之氣減少，再犯的機會與次數也將減少。當我們的社會如同日本成為低犯罪率的國家時，還有人會去質疑改善監所人犯的權利正當性與正面效益嗎？

# 第二節　受刑人之累進處遇

過去，在著重經濟發展、人權可以忽視的時代，人犯的居住環境與處遇條件，實在困窘。數位人犯擠在一個小舍房內，可以說是稀鬆平常的事情，連白天作業的工場，一到傍晚將桌椅收拾後馬上即可打地鋪睡覺，這種畫面更是稀鬆平常，只是

外人不知道而已。更遑論袋鼠法庭的私刑伺候、違規人犯未經
辯解送入獨居房、重刑犯的腳上拖著嘎嘎作響的腳鐐、夜間人
犯身體不適時，監所同仁權充醫師給藥的情況……，甚少有人
犯發現他們的權利受到侵犯，即使有，投訴無門。對於在監的
工作人員而言，早就習以為常，這是每天上演的連續劇，從不
認為這些戲碼有何違憲之處。換言之，在近幾年大法官對於受
刑人的權利作出適切的解釋之前，受刑人的權利，在某一程度
下，確實是被忽略的，被戲稱為「法律的流放者」，而監所管
理人員每天的依法行政，說穿了也是在合憲與違憲間游移工
作。在那個人犯權利意識尚未抬頭的時代，他們也只好鼻子摸
摸認了，祈求能平平安安服完刑期盡速出獄，離開監所後又是
一條好漢。具體而言，受刑人及被羈押人的處遇確實存有以下
問題：

# 一、監獄嚴重超額收容

　　依據法務部統計資料顯示，自88年起，矯正機關核定收
容額逐年增加，平均核定收容人數為62,273人，惟總收容人數
於96年辦理罪犯減刑時為53,695人，收容人數即節節升高，至
2014年已達64,602人，較法務部所核定的收容人數54,924人，
超收比例為17.6%[6-9]。截至2016年12月底止，各矯正機關超收

比率更高達19.93%，顯示矯正機關超額收容問題之嚴重。監獄嚴重超額收容，不僅導致監舍不足外，戒護人員、教化人員、醫療設備亦出現不敷使用之情形。從而監所工作人員在工作無法負荷情況下，僅能著重執行戒護、囚情安定、房舍維護、作業符合標準等管理事項，無法顧及受刑人身心精神苦悶與實質教化之落實。

## 二、醫療設備人力不足

受刑人的健康權是一項基本人權，因此，受刑人應享有一定程度的醫療保健服務；前總統陳水扁健康不佳一事，凸顯出監所醫療資源不足的問題。在現行法規中，對於監所醫療資源的規定並不多，主要係規定於監獄行刑法第51條至57條，這些規定主要項目多在「健康檢查」、「傳染病預防及治療」、「監所衛生狀況」、「隔離收容」、「心神喪失時移監[6-10]」等，並規定必要時享有「自費延醫」及「保外就醫」。乍看之下，似乎已經適當維護受刑人之就醫權利。然而，在這些規定中，並未細部詳確規範受刑人所能享有的醫療待遇程度，因此在監所實務上，有醫療資源嚴重不足的問題。

（一）政府對於此一問題，並非毫無預見。據民國98年行政院衛生署、行政院研考會、法務部研商「鴉片類

藥癮病人治療計畫」及「矯正機關收容人醫療改善方案」會議決議、行政院第3170次院會及毒品防制會報院長裁示，有關「矯正機關收容人醫療改善方案」，應規劃試辦「改善矯正機關醫療狀況獎勵計畫」，為重點施政工作之一，有利於與二代健保將矯正機關收容人納保工作。在該計畫中描述現行監所醫療服務概況指出六大問題：1.醫事人力不足，欠缺醫生，主要人力為護士、藥劑生、藥師、醫檢師，且各監所人員均少於五名。現行矯正機關醫師預算員額上限為44名，但現在台灣監所共計78座，現僅有專任醫師1名，其他醫護人員（含心理師、藥師、藥劑生、護理師、護士、醫事檢驗師/生等）編制218名，現有164名。以一百多名醫護人員處理6萬名以上收容人之日常醫療業務，甚而還須兼辦一般行政業務，其人力顯有不足。2.監獄醫療以兼任門診及特約醫師（含義診）方式提供醫療服務為主3.監所超額收容，衍生之醫療衛生相關問題增加。4.舍房空間狹小，傳染性疾病之控制面臨挑戰。5.監所收容人看病者眾多，且監所慢性病、重病、傳染病者多，醫療業務責重事繁。6.監所醫療經費嚴重不足，不及實際所需之一半。

（二）依監獄行刑法第8章衛生及醫治，對收容人醫療衛生處遇有詳細規定。該法第51條規定「對於受刑人應定期及視實際需要施行健康檢查，並實施預防接種等傳染病防治措施；監獄應聘請醫護人員協同改進監內醫療衛生事宜，衛生主管機關並應定期督導」。同法第57條規定「罹疾病之受刑人請求自費延醫診治時，監獄長官應予許可」，第58條第1項復規定「受刑人現罹疾病，在監內不能為適當之醫治者，得斟酌情形，報請監督機關許可保外醫治或移送病監或醫院」。然而「自費治療」及「保外就醫[6-11]」並未如外界所設想容易。尤其保外就醫的規定限制甚多，必須「在監內不能為適當之醫治」、「報請監督機關許可」甚至在子法中尚規定須「附具保外醫治之理由、所犯罪名、刑期及殘餘刑期」、「檢具當地公立醫院最近期內之診斷書」、「刑期在十年以上者，應由殷實商舖出具保證書或命其繳納相當之保證金額」、「函知入出境管理機關監管」、「按月填具保外醫治月報表法務部備查」、「經常派員察看，並與醫院或當地警察機關密切聯繫」等如此嚴格的限制，監所又往往自我限縮裁量，致保外就醫困難重重。

## 三、矯正教化人力不足

　　矯正機關教化人力不足，長久來一直是矯治工作的缺陷。受刑人與教化輔導人員間之比例懸殊，教誨人力普遍不足，導致獄政應付管理層面工作，即已吃力，遑論進發揮教化功能。尤其是對於性侵犯之處遇工作，欠缺相關專業人員，相關輔導教化工作難以深入，且評估報告等資料較不完整，不利於社區處遇之銜接。

## 四、監所分類管理未盡落實

　　依監獄行刑法第2條第1項之規定，於監獄內執行之監獄收容人係為被判處徒刑、拘役之受刑人。而看守所之收容對象，依羈押法第1條之規定，則為受羈押之刑事被告。惟我國社會經濟高度發展，犯罪人數節節上升，各類矯正機關超收嚴重，因此現行看守所又設有分監，收容之對象可區分為被告、受觀察勒戒人、被管收人及受刑人四大類，採「分類監禁方式」，並依法施以不同之處遇。

　　然對於判決確定有罪之受刑人，監獄負有利用執行自由刑期間，實施各種處遇，使受刑人改悔向上，並使受刑人出監後

重新復歸適應自由社會生活之目的，此為監獄行刑法第1條所明定，明顯與羈押之刑事被告不同。且公民與政治權利國際公約第15條第2項亦規定「被告應與判決有罪之人分別羈押，且應另予與其未經判決有罪之身分相稱之處遇」，我國目前所混雜的作法不僅未能鍥合國際規範的要求，同時亦使監禁環境複雜化，造成空間相互排擠。

## 五、受刑人自殺防杜問題

前總統阿扁在獄服刑中曾有三次企圖自殺，且沒有得到足夠的醫療，致可能有嚴重身心疾病，身體愈來愈差。馬前總統關切此一問題，指示衛生署妥為處理。不禁令人想到，所有監獄受刑人是否也有自殺的困擾等議題。檢視國家統計資訊，發現並無任何關於監所受刑人自殺數字之統計，僅在研考會的委託研究報告中，曾統計自2007年至2009年全國各監所僅有3人自殺。由於樣本數過少，恐怕尚無法得知受刑人自殺問題是否較一般人嚴重。

不過根據台灣自殺防治學會暨全國自殺防治中心，就2014年矯正機構與心理衛生促進會所公布的資料，世界衛生組織WHO研究發現，「受刑人為自殺的高風險族群」，也是容易被忽略的一群[6-12]。其中，審判尚未定讞遭拘留之收容人，其自

殺企圖率約為社會一般人之7.5倍；而判刑之後受刑人中，以男性而言，其自殺企圖率則為外部一般男性的6倍。此外WHO的研究也發現，這些受刑人在出獄後，「其自殺率仍較一般人為高」。美國1983-2002年數據資料，監獄受刑人每10萬人約有129人自殺死亡，為一般人的7～8倍，雖積極投入監所自殺防治後，似有成效，但仍比一般人之自殺死亡率為高。

除了這些外國研究資料外，針對國內監所受刑人所作的研究中則發現，國內在監收容人，其感染HIV[6-13]之男性在監受刑人中，有嚴重情緒困擾者，其自殺意念之危險比約為無情緒困擾者的25倍，但此一研究只調查了「危險性」，並無具體「死亡」數據。若自國外的研究角度及經驗法則來說，監所環境不同於外界，可能更為特殊、苦悶，受刑人確實可能發生嚴重的身心困擾。因此，對於受刑人自殺防治的問題，監所有必要予以重視。從制度面觀之，不僅監獄行刑法等相關法規中並無關於自殺防治的條文，國家亦未有足夠、公開、透明的統計資訊可供外界檢視，因此，如何進一步落實對監所受刑人自殺防治之努力，實有待建立更細部之制度。

# 第三節　以國際監獄人權規範檢討我國實務

## 一、國際相關公約規範

　　有關監獄人權的保障與維護方面，聯合國扮演了重要的角色，不僅從公民與政治權利的角度予以關懷及規範，在經濟及社會理事會的主導下，也通過許多有監獄人權相關的規範與宣示，讓監獄的管理能夠從基本人權與人道的角度切入；包括：聯合國少年司法最低限度標準規則（北京規則，University of Minnesota Human Rights Library）、囚犯待遇基本原則、禁止酷刑和其他殘忍、不人道或有辱人格的待遇或處罰公約、執法人員行為守則；聯合國非監禁措施最低限度標準規則（東京規則[6-14]）等。

　　值得注意的是，上揭規則中特別強調「國際人權對所有國家級，包括監獄工作人員在內的國家人員都有拘束力」，而且「人權是國際法和國際監督的正當主題」，並要求「執法人員必須悉知並運用國際人權標準」，明確將各國監獄人權納入國際人權體系的規範之中，而非將監獄排除在國際人權規範之外。此外，這些規範也只是最低限度的人權標準，有的也僅是原則性而非鉅細靡遺的明確規範，因此各個國家固然必須遵

守，但也不應以達到此等最低標準而形自滿。

## 二、我國實務不符合國際規範之處

### （一）空間過小

國際規範要求被剝奪自由的人都必須享有足夠食物、飲水、住所、衣物、被褥之權，且關押房舍必須有充分之立方空氣容量（空間）、地板面積、光源、暖器、通風等。而同室關押者應謹慎搭配，並實行夜間監督。我國由於監獄收容人數超過上限，受刑人所分配的空間自然被壓縮，嚴重不足，缺乏桌椅，且幾無隱私可言，此或因安全因素考量，但實為長年存在之問題，亟待克服。美國國務院發表的各國人權報告書，自2001年起即已針砭我國監所擁擠問題，對獄政管理人權狀況亦抱持負面評價，顯然嚴重我國家形象與國際觀感。

### （二）放風限制

國際規範每天必須有至少一小時的時間可以放風從事戶外活動，惟依照我國目前規範，目前每日僅能放風半小時，假日甚至因監所人力受限而取消。

## （三）醫療不足現象

國際規範規定囚犯應獲得其本國所提供的保健服務，無法在監獄內治療的囚犯，應該移送平民醫院或囚犯專科醫院。且每一囚犯應獲得一位合格牙醫師的診視，且至少需有一位醫生為囚犯提供保健照顧。然目前我國監所保健醫師缺乏，多由與公立醫院醫師簽約提供看診，此雖為權宜之計，然亦與國際規範有違。在監獄本身醫療能量不足之際，保外就醫可採更為寬鬆之標準。不過此又可能受限於戒護人力之不足，因而條件較為嚴苛，此也是我國長久存在的問題。

## （四）監視與隱私

監所在每間監獄內都設有監視器是否侵犯隱私權，在國際上並無明確規範。不過國際規範有提到同室關押者應謹慎搭配，並實行夜間監督。此似乎顯示特別之監督似乎僅限於夜間，尤其是出自於安全性考量。此又回歸到監所管理人力不足之問題。如何兼顧隱私與安全，並非全無檢討必要。

# 第四節　改進受刑人處遇之建議

改進受刑人處遇，不僅是人道關懷的展現，更有助於提升

我國人權國際地位以及整體社會福利。建議可採下列措施改善
上述受刑人及被羈押人處遇之問題。

## 一、建立受刑人基本人權的基本觀念

依據1976年生效的「公民權利和政治權利國際公約」
（International Covenant on Civil and Political Rights）第7條明定，
「任何人均不得加以酷刑或施以殘忍、不人道或侮辱性的待遇或
刑罰。特別是對任何人均不得未經其自由同意，而施以醫藥或科
學試驗」。第10條則規定「所有被剝奪自由的人應給予人道，
及尊重其固有的人格尊嚴的待遇」。我國應該遵守此等國際規
範的精神，建立受刑人及被羈押人也有人權的正確觀念。如此
一來，放風時間不足、隱私保障不夠等問題都能夠得到解決。

## 二、解決監獄超收問題

解決監獄受刑人超收問題，主要可從增加收容處所、機
動移監均衡區域收容，以及調整刑事政策等三方面著手。在增
加收容處所方面，可以推動矯正機關之擴建、新建、遷建及改
建計畫，以及靈活運用閒置軍事營舍（至少有提供五萬張床的
能力）、外役監等手段，達到一人一床之目標。此外，亦應善

用緩起訴、附條件緩刑及易服社會勞動等制度，提高假釋核准率，研議是否修改相關法律，採取除刑不除罪，讓觀察及勒戒日數可折抵刑期，藉由調整刑事政策，轉向處分解決監獄超收的問題。

## 三、充實矯正教化人力

朝教誨師人力與人犯比例1：120～150之目標努力，減輕教誨師兼辦他項業務負擔，增加教化密度與質量，促進教化人員與受刑人互動，建立長期穩定之互信關係。適度提高矯正人員職等，並提高專業加給金額，以減少人員流動，留住優秀專業人員。再者，鑑於性侵害犯罪加害人之治療輔導有其特殊專業性，為提升處遇成效，監所應持續培育並充實處遇執行專業人員，並建立一致性之處遇人員資格條件標準，以落實相關輔導教化工作。另應充實家暴犯處遇執行專業人員，並持續培育及加強在職教育。

## 四、落實監所分別管理

依據公民權利和政治權利國際公約，「除特殊情況外，被控告的人應與被判罪的人隔離開，並應給予適合於未判罪者身

分的分別待遇」、「被控告的少年應與成年人分隔開，並應盡速予以判決」、「監獄制度應包括以爭取因犯改造，和社會復元為基本目的的待遇。少年罪犯應與成年人隔離開，並應給予適合其年齡及法律地位之待遇。」故建議監獄與看守所之功能應該予以區分，落實監獄與看守所分別管理之規劃，單純化看守所收容對象，使各看守所內被告監禁環境單純化，以符合國際人權規範之要求。

# 第六章

## 附件（獄管相關法律條例）

附件一、刑法總則（專章） 146

附件二、監獄行刑法 160

附件三、行刑累進處遇條例 189

附件四、法務部矯正署監獄組織準則 208

# 附件一、刑法總則（專章）

## 第28條（共同正犯）

2人以上共同實行犯罪之行為者，皆為正犯。

## 第29條（教唆犯及其處罰）

教唆他人使之實行犯罪行為者，為教唆犯。

教唆犯之處罰，依其所教唆之罪處罰之。

## 第30條（幫助犯及其處罰）

幫助他人實行犯罪行為者，為幫助犯。雖他人不知幫助之情者，亦同。

幫助犯之處罰，得按正犯之刑減輕之。

## 第31條（正犯或共犯與身分）

因身分或其他特定關係成立之罪，其共同實行、教唆或幫助者，雖無特定關係，仍以正犯或共犯論。但得減輕其刑。

因身分或其他特定關係致刑有重輕或免除者，其無特定關係之人，科以通常之刑。

## 第33條（主刑之種類）

主刑之種類如下：

一、死刑。

二、無期徒刑。

三、有期徒刑：2月以上15年以下。但遇有加減時，得減至2月未滿，或加至20年。

四、拘役：1日以上，60日未滿。但遇有加重時，得加至120日。

五、罰金：新臺幣一千元以上，以百元計算之。

## 第35條（主刑之輕重標準）

主刑之重輕，依第33條規定之次序定之。

同種之刑，以最高度之較長或較多者為重。最高度相等者，以最低度之較長或較多者為重。

刑之重輕，以最重主刑為準，依前2項標準定之。最重主刑相同者，參酌下列各款標準定其輕重：

一、有選科主刑者與無選科主刑者，以無選科主刑者為重。

二、有併科主刑者與無併科主刑者，以有併科主刑者為重。

三、次重主刑同為選科刑或併科刑者，以次重主刑為準，依前2項標準定之。

第36條（褫奪公權之內容）

從刑為褫奪公權。

褫奪公權者，褫奪下列資格：

一、為公務員之資格。

二、為公職候選人之資格。

第37條（褫奪公權之宣告）

宣告死刑或無期徒刑者，宣告褫奪公權終身。

宣告1年以上有期徒刑，依犯罪之性質認為有褫奪公權之必要者，宣告1年以上10年以下褫奪公權。

褫奪公權，於裁判時併宣告之。

褫奪公權之宣告，自裁判確定時發生效力。

依第2項宣告褫奪公權者，其期間自主刑執行完畢或赦免之日起算。但同時宣告緩刑者，其期間自裁判確定時起算之。

第37-1條（刑期起算日）

刑期自裁判確定之日起算。

裁判雖經確定，其尚未受拘禁之日數，不算入刑期內。

第37-2條（羈押之日數）

　　裁判確定前羈押之日數，以1日抵有期徒刑或拘役1日，或第42條第6項裁判所定之罰金額數。

　　羈押之日數，無前項刑罰可抵，如經宣告拘束人身自由之保安處分者，得以1日抵保安處分1日。

第38條（沒收物）

　　違禁物，不問屬於犯罪行為人與否，沒收之。

　　供犯罪所用、犯罪預備之物或犯罪所生之物，屬於犯罪行為人者，得沒收之。但有特別規定者，依其規定。

　　前項之物屬於犯罪行為人以外之自然人、法人或非法人團體，而無正當理由提供或取得者，得沒收之。但有特別規定者，依其規定。

　　前2項之沒收，於全部或一部不能沒收或不宜執行沒收時，追徵其價額。

第38-1條（沒收犯罪所得）

　　犯罪所得，屬於犯罪行為人者，沒收之。但有特別規定者，依其規定。

　　犯罪行為人以外之自然人、法人或非法人團體，因下列情

形之一取得犯罪所得者，亦同：

　　一、明知他人違法行為而取得。

　　二、因他人違法行為而無償或以顯不相當之對價取得。

　　三、犯罪行為人為他人實行違法行為，他人因而取得。

　　前2項之沒收，於全部或一部不能沒收或不宜執行沒收時，追徵其價額。

　　第1項及第2項之犯罪所得，包括違法行為所得、其變得之物或財產上利益及其孳息。

　　犯罪所得已實際合法發還被害人者，不予宣告沒收或追徵。

## 第38-2條（犯罪所得及追徵之範圍與價額以估算認定）

　　前條犯罪所得及追徵之範圍與價額，認定顯有困難時，得以估算認定之。

　　第38條之追徵，亦同。

　　宣告前2條之沒收或追徵，有過苛之虞、欠缺刑法上之重要性、犯罪所得價值低微，或為維持受宣告人生活條件之必要者，得不宣告或酌減之。

## 第38-3條（沒收裁判確定時移轉為國家所有）

　　第38條之物及第38條之1之犯罪所得之所有權或其他權利，於沒收裁判確定時移轉為國家所有。

前項情形，第三人對沒收標的之權利或因犯罪而得行使之債權，均不受影響。

第1項之沒收裁判，於確定前，具有禁止處分之效力。

## 第40條（沒收之宣告）

沒收，除有特別規定者外，於裁判時併宣告之。

違禁物或專科沒收之物得單獨宣告沒收。

第38條第2項、第3項之物、第38條之1第1項、第2項之犯罪所得，因事實上或法律上原因未能追訴犯罪行為人之犯罪或判決有罪者，得單獨宣告沒收。

## 第40-2條（宣告多數沒收者一併執行）

宣告多數沒收者，併執行之。

沒收，除違禁物及有特別規定者外，逾第80條規定之時效期間不得為之沒收標的在中華民國領域外，而逾前項之時效完成後五年者，亦同。

沒收之宣告，自裁判確定之日起逾十年未開始或繼續執行者，不得執行。

## 第41條（易科罰金）

犯最重本刑為五年以下有期徒刑以下之刑之罪，而受六月

以下有期徒刑或拘役之宣告者，得以新臺幣一千元、二千元或三千元折算一日，易科罰金。但易科罰金，難收矯正之效或難以維持法秩序者，不在此限。

依前項規定得易科罰金而未聲請易科罰金者，得以提供社會勞動6小時折算1日，易服社會勞動。

受6月以下有期徒刑或拘役之宣告，不符第1項易科罰金之規定者，得依前項折算規定，易服社會勞動。

前2項之規定，因身心健康之關係，執行顯有困難者，或易服社會勞動，難收矯正之效或難以維持法秩序者，不適用之。

第2項及第3項之易服社會勞動履行期間，不得逾1年。

無正當理由不履行社會勞動，情節重大，或履行期間屆滿仍未履行完畢者，於第2項之情形應執行原宣告刑或易科罰金；於第3項之情形應執行原宣告刑。

已繳納之罰金或已履行之社會勞動時數依所定之標準折算日數，未滿1日者，以1日論。

第1項至第4項及第7項之規定，於數罪併罰之數罪均得易科罰金或易服社會勞動，其應執行之刑逾6月者，亦適用之。

數罪併罰應執行之刑易服社會勞動者，其履行期間不得逾3年。但其應執行之刑未逾6月者，履行期間不得逾1年。

數罪併罰應執行之刑易服社會勞動有第6項之情形者，應執行所定之執行刑，於數罪均得易科罰金者，另得易科罰金。

## 第42條（易服勞役）

罰金應於裁判確定後2個月內完納。期滿而不完納者，強制執行。其無力完納者，易服勞役。但依其經濟或信用狀況，不能於2個月內完納者，得許期滿後1年內分期繳納。遲延一期不繳或未繳足者，其餘未完納之罰金，強制執行或易服勞役。

依前項規定應強制執行者，如已查明確無財產可供執行時，得逕予易服勞役。

易服勞役以新臺幣一千元、二千元或三千元折算1日。但勞役期限不得逾1年。

依第51條第7款所定之金額，其易服勞役之折算標準不同者，從勞役期限較長者定之。

罰金總額折算逾1年之日數者，以罰金總額與1年之日數比例折算。依前項所定之期限，亦同。

科罰金之裁判，應依前3項之規定，載明折算1日之額數。

易服勞役不滿1日之零數，不算。

易服勞役期內納罰金者，以所納之數，依裁判所定之標準折算，扣除勞役之日期。

## 第47條（累犯）

受徒刑之執行完畢，或一部之執行而赦免後，5年以內故

意再犯有期徒刑以上之罪者，為累犯，加重本刑至2分之1。

　　第98條第2項關於因強制工作而免其刑之執行者，於受強制工作處分之執行完畢或一部之執行而免除後，5年以內故意再犯有期徒刑以上之罪者，以累犯論。

## 第48條（裁判確定後發覺累犯之處置）

　　裁判確定後，發覺為累犯者，依前條之規定更定其刑。但刑之執行完畢或赦免後發覺者，不在此限。

## 第49條（累犯適用之除外）

　　累犯之規定，於前所犯罪在外國法院受裁判者，不適用之。

## 第50條（數罪併罰與限制）

　　裁判確定前犯數罪者，併合處罰之。但有下列情形之一者，不在此限：

　　一、得易科罰金之罪與不得易科罰金之罪。

　　二、得易科罰金之罪與不得易服社會勞動之罪。

　　三、得易服社會勞動之罪與不得易科罰金之罪。

　　四、得易服社會勞動之罪與不得易服社會勞動之罪。

　　前項但書情形，受刑人請求檢察官聲請定應執行刑者，依第51條規定之。

第51條（數罪併罰之執行）

數罪併罰，分別宣告其罪之刑，依下列各款定其應執行者：

一、宣告多數死刑者，執行其一。

二、宣告之最重刑為死刑者，不執行他刑。但罰金及從刑
　　不在此限。

三、宣告多數無期徒刑者，執行其一。

四、宣告之最重刑為無期徒刑者，不執行他刑。但罰金及
　　從刑不在此限。

五、宣告多數有期徒刑者，於各刑中之最長期以上，各刑
　　合併之刑期以下，定其刑期。但不得逾30年。

六、宣告多數拘役者，比照前款定其刑期。但不得逾
　　120日。

七、宣告多數罰金者，於各刑中之最多額以上，各刑合併
　　之金額以下，定其金額。

八、宣告多數褫奪公權者，僅就其中最長期間執行之。

九、依第5款至前款所定之刑，併執行之。但應執行者為3
　　年以上有期徒刑與拘役時，不執行拘役。

第52條（裁判確定後餘罪之處理）

數罪併罰，於裁判確定後，發覺未經裁判之餘罪者，就餘

罪處斷。

第53條（執行刑）

　　數罪併罰，有二裁判以上者，依第51條之規定，定其應執行之刑。

第54條（各罪中有受赦免時餘罪之執行）

　　數罪併罰，已經處斷，如各罪中有受赦免者，餘罪仍依第51條之規定，定其應執行之刑，僅餘一罪者，依其宣告之刑執行。

第55條（想像競合犯）

　　一行為而觸犯數罪名者，從一重處斷。但不得科以較輕罪名所定最輕本刑以下之刑。

第77條（假釋之要件）

　　受徒刑之執行而有悛悔實據者，無期徒刑逾25年，有期徒刑逾2分之1、累犯逾3分之2，由監獄報請法務部，得許假釋出獄。

　　前項關於有期徒刑假釋之規定，於下列情形，不適用之：

　　一、有期徒刑執行未滿6個月者。

二、犯最輕本刑5年以上有期徒刑之罪之累犯，於假釋期間，受徒刑之執行完畢，或一部之執行而赦免後，五年以內故意再犯最輕本刑為5年以上有期徒刑之罪者。

三、犯第91條之1所列之罪，於徒刑執行期間接受輔導或治療後，經鑑定、評估其再犯危險未顯著降低者。

無期徒刑裁判確定前，逾1年部分之羈押日數，算入第1項已執行之期間內。

## 第78條（假釋之撤銷）

假釋中因故意更犯罪，受有期徒刑以上刑之宣告者，於判決確定後6月以內，撤銷其假釋。但假釋期滿逾3年者，不在此限。

假釋撤銷後，其出獄日數不算入刑期內。

## 第79條（假釋之效力）

在無期徒刑假釋後滿20年或在有期徒刑所餘刑期內未經撤銷假釋者，其未執行之刑，以已執行論。但依第78條第1項撤銷其假釋者，不在此限。

假釋中另受刑之執行、羈押或其他依法拘束人身自由之期間，不算入假釋期內。但不起訴處分或無罪判決確定前曾受之羈押或其他依法拘束人身自由之期間，不在此限。

## 第79-1條（合併刑期）

二以上徒刑併執行者，第77條所定最低應執行之期間，合併計算之。

前項情形，併執行無期徒刑者，適用無期徒刑假釋之規定；二以上有期徒刑合併刑期逾40年，而接續執行逾20年者，亦得許假釋。但有第77條第2項第2款之情形者，不在此限。

依第1項規定合併計算執行期間而假釋者，前條第1項規定之期間，亦合併計算之。

前項合併計算後之期間逾20年者，準用前條第1項無期徒刑假釋規定。

經撤銷假釋執行殘餘刑期者，無期徒刑於執行滿25年，有期徒刑於全部執行完畢後，再接續執行他刑，第1項有關合併計算執行期間之規定不適用之。

## 第91條（強制治療處分）

犯第285條之罪者，得令入相當處所，強制治療。

前項處分於刑之執行前為之，其期間至治癒時為止。

## 第93條（緩刑與假釋之保護管束）

受緩刑之宣告者，除有下列情形之一，應於緩刑期間付保

護管束外，得於緩刑期間付保護管束：

　　一、犯第91條之1所列之罪者。

　　二、執行第74條第2項第5款至第8款所定之事項者。

　　假釋出獄者，在假釋中付保護管束。

# 附件二、監獄行刑法

## 第1條（執行徒刑拘役之目的）

徒刑、拘役之執行，以使受刑人改悔向上，適於社會生活為目的。

## 第2條（徒刑拘役之執行處所）

處徒刑、拘役之受刑人，除法律別有規定外，以監獄內執行之。

處拘役者，應與處徒刑者分別監禁。

## 第3條（少年矯正機構）

受刑人未滿者18歲，應收容於少年矯正機構。

收容中滿18歲其殘餘刑期不滿3個月者，仍繼續收容於少年矯正機構。

受刑人在18歲以上未滿23歲者，依其教育需要，得收容於少年矯正機構至完成該級教育階段為止。

少年矯正機構之設置及矯正教育之實施，另以法律定之。

## 第4條（女監及其分界）

受刑人為婦女者，應監禁於女監。

女監附設於監獄時，應嚴為分界。

## 第5條（監獄之巡察與考核）

法務部應派員巡察監獄，每年至少一次。

檢察官就執行刑罰有關事項，隨時考核監獄。

## 第6條（受刑人之申訴權）

受刑人不服監獄之處分時，得經由典獄長申訴於監督機關或視察人員。但在未決定以前，無停止處分之效力。

典獄長接受前項申訴時，應即時轉報該管監督機關，不得稽延。

第1項受刑人之申訴，得於視察人員蒞監獄時逕向提出。

## 第7條（入監文書之調查）

受刑人入監時，應調查其判決書、指揮執行書、指紋及其他應備文件。

前項文件不具備時，得拒絕收監，或通知補送。

第8條（少年受刑人行刑參考事項之通知）

　　關於第3條少年受刑人之犯罪原因、動機、性行、境遇、學歷、經歷、身心狀況及可供行刑上參考之事項，應於其入監時，由指揮執行機關通知監獄。

第9條（受刑人個人關係及必要事項之調查）

　　受刑人入監時，應調查其個人關係及其他必要事項。

　　關於前項調查事項，得請求機關、團體或私人報告或閱覽審判確定之訴訟記錄。

第10條（婦女攜帶子女之許可）

　　入監婦女請求攜帶子女者，得准許之。但以未滿3歲者為限。

　　前項子女滿3歲後，無相當之人受領，又無法寄養者，得延期6個月，期滿後交付救濟處所收留。

　　前2項規定，於監內分娩之子女，亦適用之。

第11條（入監時之健康檢查及拒絕收監之情形）

　　受刑人入監時，應行健康檢查；有下列情形之一者，應拒絕收監：

一、心神喪失或現罹疾病，因執行而有喪生之虞。

二、懷胎5月以上或分娩未滿2月。

三、罹急性傳染病。

四、衰老、身心障礙，不能自理生活。

前項被拒絕收監者，應由檢察官斟酌情形，送交醫院、監護人或其他適當處所。

## 第12條（身體、衣類之檢查）

受刑人入監時，應檢查其身體、衣類及攜帶物品，並捺印指紋或照相；在執行中認為有必要時亦同。

受刑人為婦女者，前項檢查由女管理員為之。

## 第13條（應遵守事項之告知）

受刑人入監時，應告以應遵守之事項及其刑期起算與終了日期；受刑人應遵守之事項，應繕貼各監房。

## 第14條（監禁之種類──獨居與雜居）

監禁分獨居、雜居二種。

獨居監禁者，在獨居房作業。但在教化、作業及處遇上有必要時，得按其職業、年齡、犯次、刑期等，與其他獨居監禁者在同一處所為之。

雜居監禁者之教化、作業等事項，在同一處所為之。但夜間應按其職業、年齡、犯次等分類監禁；必要時，得監禁於獨居房。

## 第15條（新入監受刑人之獨居監禁）

受刑人新入監者，應先獨居監禁，其期限為3個月；刑期較短者，依其刑期。但依受刑人之身心狀況或其他特別情形，經監務委員會決議，得縮短或延長之。

## 第16條（應儘先獨居監禁之受刑人）

左列受刑人應儘先獨居監禁：
一、刑期不滿6個月者。
二、因犯他罪在審理中者。
三、惡性重大顯有影響他人之虞者。
四、曾受徒刑之執行者。

## 第17條（分別監禁）

受刑人因衰老、疾病或身心障礙，不宜與其他受刑人雜居者，應分別行監禁之。

第18條（應分別監禁之受刑人）

　　左列受刑人應分別監禁於指定之監獄，或於監獄內分界監
禁之：
　　一、刑期在10年以上者。
　　二、有犯罪之習慣者。
　　三、對於其他受刑人顯有不良之影響者。
　　四、精神耗弱或智能低下者。
　　五、依據調查分類之結果，須加強教化者。

第19條（應考查身心狀況之受刑人）

　　刑期6月以上之受刑人，其身心狀況及受刑反應應特加
考查，得於特設之監獄內分界監禁；對於刑期未滿6月之受刑
人，有考查必要時亦同。
　　前項情形應依據醫學、心理學及犯罪學等為個性識別之必
要措施。

第20條（累進處遇）

　　對於刑期6月以上之受刑人，為促其改悔向上，適於社會
生活，應分為數個階段，以累進方法處遇之。但因身心狀況
或其他事由，認為不適宜者，經監務委員會決議，得不為累進

處遇。

　　累進處遇方法，另以法律定之。

　　受刑人能遵守紀律保持善行時，得視其身心狀況，依命令所定和緩其處遇。和緩處遇原因消滅後，回復其累進處遇。

## 第21條（戒護）

　　監獄不論晝夜均應嚴密戒護，有必要時，並得檢查出入者之衣服及攜帶物品。

## 第22條（戒具使用）

　　受刑人有脫逃、自殺、暴行或其他擾亂秩序行為之虞時，得施用戒具或收容於鎮靜室。

　　戒具以腳鐐、手梏、聯鎖、捕繩四種為限。

## 第23條（戒具使用之限制）

　　施用戒具非有監獄長官命令不得為之。但緊急時，得先行使用，立即報告監獄長官。

## 第24條（警棍槍械之使用）

　　監獄管理人員使用攜帶之警棍或槍械，以左列事項發生時為限，但不得逾必要之程度：

一、受刑人對於他人身體為強暴或將施強暴之脅迫時。

二、受刑人持有足供施強暴之物，經命其放棄而不遵從時。

三、受刑人聚眾騷擾時。

四、以強暴、劫奪受刑人或幫助受刑人為強暴或脫逃時。

五、受刑人圖謀脫逃而拒捕，或不服制止而脫逃時。

六、監獄管理人員之生命、身體、自由、裝備遭受危害或
　　脅迫時。

監獄管理人員依前項規定使用警棍或槍械之行為，為依法令之行為。

## 第25條（天災事變之處置）

監獄為加強安全戒備及受刑人之戒護，得請求警察協助辦理。其辦法由法務部會同內政部定之。

遇有天災、事變為防衛工作時，得令受刑人分任工作，如有必要，並得請求軍警協助。

## 第26條（天災事變之處置——護送及釋放）

天災、事變在監內無法防避時，得將受刑人護送於相當處所；不及護送時，得暫行釋放。

前項暫行釋放之受刑人，由離監時起限48小時內，至該監或警察機關報到其按時報到者，在外時間予以計算刑期；逾期

不報到者以脫逃論罪。

## 第26條之1（返家探親之原因）

受刑人之祖父母、父母、配偶之父母、配偶、子女或兄弟姊妹喪亡時，得准在監獄管理人員戒護下返家探視，並於24小時內回監；其在外期間，予以計算刑期。

受刑人因重大事故，有返家探視之必要者，經報請法務部核准後，準用前項之規定。

## 第26條之2（外出實施辦法）

受刑人在監執行逾3月，行狀善良，合於下列各款情形之一，日間有外出必要者，得報請法務部核准其於日間外出：

一、無期徒刑執行逾9年，有期徒刑執行逾1/3，為就學或職業訓練者。

二、刑期3年以下，執行逾1/3，為從事富有公益價值之工作者。

三、殘餘刑期1月以內或假釋核准後，為釋放後謀職、就學等之準備者。

前項第1款所稱就學、職業訓練之學校、職訓機構，由法務部指定之。

受刑人有下列各款情形之一者，不得外出：

一、犯脫逃、煙毒、麻醉藥品之罪。

二、累犯。

三、撤銷假釋。

四、有其他犯罪在偵審中。

五、有感訓處分待執行或依刑法第91條之1規定受強制治
　　療處分。

六、有其他不適宜外出之情事。

經核准外出之受刑人，外出時無須戒護。但應於指定時間
內回監，必要時得向指定處所報到。

受刑人外出期間，違反規定或發現有不符合第1項規定
或有第3項各款情形之一者，得撤銷其外出之核准。表現良好
者，得依規定予以獎勵。

受刑人外出，無正當理由未於指定時間內回監或向指定處
所報到者，其在外日數不算入執行刑期，並以脫逃論罪。

受刑人外出實施辦法，由法務部定之。

## 第27條（作業之選定）

作業應斟酌衛生、教化、經濟與受刑人之刑期、健康、知
識、技能及出獄後之生計定之。

監獄應按作業性質，分設各種工場或農作場所，並得酌令
受刑人在監外從事特定作業；其辦法由法務部定之。

炊事、打掃、看護及其他由監獄經理之事務，視同作業。

第28條（作業時間）

作業時間每日6小時至8小時，斟酌作業之種類，設備之狀況及其他情形定之。

第29條（作業課程之酌定與作業技藝之指導）

受刑人之作業，應依前條作業時間與一般勞動者之平均作業能率為標準，酌定課程。

作業課程不能依前項標準定之者，以前條作業時間為標準。

監獄得延聘當地工業技術人員協同指導受刑人各種作業技藝。

第30條（承攬作業之核准）

監獄承攬公私經營之作業，應經監督機關之核准。

第31條（停止作業日）

停止作業日如左：

一、國定例假日。

二、直系親屬及配偶喪7日，三親等內旁系親屬喪3日。

三、其他認為必要時。

就炊事、灑掃及其他特需急速之作業者,除前項第2款外,不停止作業。

入監後3日及釋放前7日,得免作業。

## 第32條(勞作金之給予)

作業者給予勞作金;其金額斟酌作業者之行狀及作業成績給付。

前項給付辦法,由法務部定之。

## 第33條(作業收入之分配)

作業收入扣除作業支出後,提百分之五十充勞作金;勞作金總額,提百分之二十五充犯罪被害人補償費用。

前項作業賸餘提百分之三十補助受刑人飲食費用;百分之五充受刑人獎勵費用;百分之五充作業管理人員獎勵費用;年度賸餘應循預算程序以百分之三十充作改善受刑人生活設施之用,其餘百分之七十撥充作業基金;其獎勵辦法,由法務部定之。

第1項提充犯罪被害人補償之費用,於犯罪被害人補償法公布施行後提撥,專戶存儲;第2項改善受刑人生活設施購置之財產設備免提折舊。

## 第34條（易服勞役之監外作業）

易服勞役者，在監外作業。

前項易服勞役者監外作業辦法，由法務部定之。

## 第35條（慰問金之發給）

受刑人因作業致受傷、罹病、死亡者，應發給慰問金。

前項慰問金由作業基金項下支付；其發給辦法，由法務部定之。

## 第36條（死亡時勞作金及慰問金之歸屬）

受刑人死亡時，其勞作金或慰問金應通知本人之最近親屬具領。無法通知者，應公告之。

前項勞作金或慰問金，經受通知人拋棄或經通知後逾6個月或公告後逾1年無人具領者，歸入作業基金。

## 第37條（教化之實施）

對於受刑人，應施以教化。

前項施教，應依據受刑人入監時所調查之性行、學歷、經歷等狀況，分別予以集體、類別及個別之教誨，與初級、高級補習之教育。

第38條（宗教儀式之舉行及限制）

受刑人得依其所屬之宗教舉行禮拜、祈禱，或其他適當之儀式。但以不妨害紀律者為限。

第39條（實施教化應注重事項）

教化應注重國民道德及社會生活必需之知識與技能。

對於少年受刑人，應注意德育，陶冶品性，並施以社會生活必需之科學教育，及技能訓練。

第40條（演講及研究教化事宜）

監獄得聘請有學識、德望之人演講，並得延聘當地學術或教育專家，協同研究策進監獄教化事宜。

第41條（教育）

教育每日2小時。

不滿25歲之受刑人，應施以國民基本教育。但有國民學校畢業以上之學歷者，不在此限。

第42條（出版物文書之閱讀）

監獄應備置有益圖書，並得發行出版物，選載時事及其他

有益之文字，使受刑人閱讀。

閱讀自備之書籍，應經監獄長官之許可。

## 第43條（受刑人得自備紙筆墨硯）

對於受刑人，得許其自備紙、墨、筆、硯。

## 第44條（教化之輔助方法）

監獄得用視聽器材為教化之輔助。

## 第45條（衣被及其他必需器具之給與）

對於受刑人，應斟酌保健上之必要，給與飲食、物品，並供用衣被及其他必需器具。

受刑人為增進本身營養，得就其每月應得之勞作金項下報准動用。

前項動用勞作金之辦法，由典獄長依據實際情形擬訂，呈經監督機關為核定之。

## 第46條（自備或供給子女必需用品）

攜帶子女之受刑人，其子女之食物、衣類及必需用品，均應自備；不能自備者，給與或供用之。

第47條（吸菸管理及戒菸獎勵）

受刑人禁用菸酒。但受刑人年滿18歲者，得許於指定之時間處所吸菸。

監獄對於戒菸之受刑人應給予適當之獎勵。

受刑人吸菸管理及戒菸獎勵辦法，由法務部定之。

第48條（清潔之維護）

監獄內應保持清潔，每半月舉行環境衛生檢查一次，並隨時督令受刑人擔任灑掃、洗濯及整理衣被、器具等必要事務。

第49條（鬚髮之整理）

受刑人應令其入浴及剃鬚髮，其次數斟酌時令定之。

第50條（保健必要之運動）

受刑人除有不得已事由外，每日運動半小時至一小時。但因作業種類認為無運動之必要者，不在此限。

第51條（健康檢查及預防注射）

對於受刑人應定期及視實際需要施行健康檢查，並實施預防接種等傳染病防治措施。

監獄應聘請醫護人員協同改進監內醫療衛生事宜；衛生主管機關並應定期督導。

第52條（急性傳染病之預防）

監獄於急性傳染病流行時，應與地方衛生機關協商預防，其來自傳染病流行地，或經過其地之受刑人，應為一星期以上之隔離，其攜帶物品，應施行消毒。

受刑人罹急性傳染病時，應即隔離，施行消毒，並報告於監督機關。

第53條（傳染病患之隔離）

罹傳染病者，不得與健康者及其他疾病者接觸。但充看護者，不在此限。

第54條（病監收容）

罹急病者，應於附設之病監收容之。

前項病監，應於其他房屋分界，並依疾病之種類，為必要之隔離。

第55條（肺病監之收容與分界）

罹肺病者，應移送特設之肺病監；無肺病監時應於病監內

分界收容之。

第56條（心神喪失者之處置）

受刑人心神喪失時，移送於精神病院，或其他監護處所。

第57條（自費治療）

罹疾病之受刑人請求自費延醫診治時，監獄長官應予許可。

第58條（保外就醫或病院移送）

受刑人現罹疾病，在監內不能為適當之醫治者，得斟酌情形，報請監督機關許可保外醫治或移送病監或醫院。

監獄長官認為有緊急情形時，得先為前項處分，再行報請監督機關核准。

保外醫治期間，不算入刑期之內。但移送病監或醫院者，視為在監執行。

保外醫治，準用刑事訴訟法第111條第1項至第4項之命提出保證書、指定保證金額、第118條第1項之沒入保證金、第119條第2項、第3項之免除具保責任及第121條第4項之准其退保之規定。

前項沒入保證金，由監獄函請指揮執行之檢察官以命令行之。

保外醫治受刑人違反保外醫治應遵守事項者，監督機關得廢止保外醫治之許可。

前項保外醫治受刑人應遵守事項、得廢止許可之要件及程序，由監督機關另定之。

衰老或身心障礙不能自理生活及懷胎5月以上或分娩未滿2月者，得準用第1項及第3項至前項之規定。

第59條（強制營養之實施）

拒絕飲食，經勸告仍不飲食而有生命之危險者，得經由醫師施以強制之營養。

第60條（保健上必要空氣光線之保持）

監房工場及其他處所，應保持保健上必要之空氣、光線。

第61條（煖具之設置及使用）

監房、工場與極寒時得設煖具，病房煖具及使用時間，由典獄長官定之。

第62條（接見及通信）

受刑人之接見及發受書信，以最近親屬及家屬為限。但有特別理由時，得許其與其他之人接見及發受書信。

## 第63條（接見之次數及每次接見之時間）

接見除另有規定外，每星期一次，其接見時間，以三十分鐘為限。

前項規定之次數及時間，有必要時，得增加或延長之。

## 第64條（接見之禁止）

對於請求接見者認為有妨害監獄紀律及受刑人之利益時，不許接見。

被許可接見者，得攜帶未滿五歲之兒童。

## 第65條（監視與停止接見）

接見時，除另有規定外，應加監視；如在接見中發見有妨害監獄紀律時，得停止其接見。

## 第66條（發受書信之檢閱及限制）

發受書信，由監獄長官檢閱之。如認為有妨害監獄紀律之虞，受刑人發信者，得述明理由，令其刪除後再行發出；受刑人受信者，得述明理由，逕予刪除再行收受。

第67條（書信之保管）

　　凡遞與受刑人之書信，經本人閱讀後，應保管之，於必要時，得令本人持有。

第68條（發信郵資）

　　發信郵資，由受刑人自備。但有特殊情形時，得由監獄支付。

第69條（受刑人財物之保管）

　　受刑人攜帶或由監外送入之財物，經檢查後，由監獄代為保管。受刑人之金錢及物品保管辦法，由法務部定之。

　　前項物品有必要時，應施以消毒。

第70條（送入物品之限制）

　　送入飲食及必需物品之種類數量，得加限制；其經許可者得逕交本人。

第71條（送入物品之退回沒入及廢棄）

　　送入之財物認為不適當，或送入人姓名、居住不明，或為受刑人所拒絕收受者應退回之；無法退回者，得經監務委員會

之決議沒入或廢棄之。

　　經檢查發見私自持有之財物，由監務委員會決議沒入或廢棄之。

## 第72條（保管財物之交還與使用）

　　保管之財物，於釋放時交還之。但有正當理由，得於釋放前許其使用全部或一部。

## 第73條（死亡者遺留物之歸屬）

　　死亡者遺留之財物，應通知其最近親屬領回。

　　自死亡之日起，經過1年無最近親屬請領時，得沒入之；脫逃者，自脫逃之日起，經過1年尚未捕獲者，沒入之。

## 第74條（獎賞原因）

　　受刑人有左列各款行為之一時，應予以獎賞：

一、舉發受刑人圖謀脫逃、暴行或將為脫逃、暴行者。

二、救護人命或捕獲脫逃者。

三、於天災、事變或傳染病流行時，充任應急事務有勞績者。

四、作業成績優良者。

五、有特殊貢獻，足以增進監獄榮譽者。

六、對作業技術、機器、設備、衛生、醫藥等有特殊設
　　計，足資利用者。

七、對監內外管理之改進，有卓越意見建議者。

八、其他行為善良，足為受刑人表率者。

第75條（獎賞方法）

　　前條獎賞方法如左：

一、公開嘉獎。

二、增加接見或通信次數。

三、發給獎狀或獎章。

四、增給成績分數，並以為進級之依據。

五、給與相當數額之獎金。

六、給與書籍或其他獎品。

七、與以較好之給養。

八、其他特別獎賞。

　　前項特別獎賞者，得為返家探視或與配偶及直系血親在指
定處所及期間內同住之獎勵；其辦法，由法務部定之。

第76條（懲罰原因及方法）

　　受刑人違背紀律時，得施以左列一款或數款之懲罰：

一、訓誡。

二、停止接見1次至3次。

三、強制勞動1日至5日，每日以2小時為限。

四、停止購買物品。

五、減少勞作金。

六、停止戶外活動1日至7日。

## 第77條（減少勞作金之決議）

減少勞作金超過20元及停止戶外活動超過3日，應經監務委員會決議。

## 第78條（懲罰之告知與辯解）

告知懲罰後應予本人以解辯之機會，認為有理由者得免其執行，或緩予執行；無理由者立即執行之。但有疾病或其他特別事由時得停止執行。

## 第79條（懲罰執行之撤銷與終止）

依前條緩予執行後，如受懲罰者有顯著之改悔情狀，經保持1月以上之善行，應撤銷其懲罰。

受懲罰者，在執行中有顯著之改悔情狀時，得終止其執行。

第80條（毀損物件之賠償）

受刑人故意或因重大過失，致損害器具、成品、材料或其他物品時，得令其賠償。

賠償之數額經監務委員會決定後，得於其保管金或儲存之作業勞作金內扣還之。

第81條（假釋要件）

對於受刑人累進處遇進至2級以上，悛悔向上，而與應許假釋情形相符合者，經假釋審查委員會決議，報請法務部核准後，假釋出獄。

報請假釋時，應附具足資證明受刑人確有悛悔情形之紀錄及假釋審查委員會之決議。

犯刑法第221～227條、第228～230條、第234條、第332條第2項第2款、第334條第2款、第348條第2項第1款及其特別法之罪之受刑人，其強制身心治療或輔導教育辦法，由法務部定之。

依刑法第91條之1第1項接受強制身心治療或輔導教育之受刑人，應附具曾受治療或輔導之紀錄及個案自我控制再犯預防成效評估報告，如顯有再犯之虞，不得報請假釋。

第82條（假釋後應遵守保護管束之規定）

受刑人經假釋出獄，在假釋期間內，應遵守保護管束之規定。

第82條之1（聲請強制治療）

受刑人依刑法第91條之1規定，經鑑定、評估，認有再犯之危險，而有施以強制治療之必要者，監獄應於刑期屆滿前3月，將受刑人應接受強制治療之鑑定、評估報告等相關資料，送請該管檢察署檢察官，檢察官至遲應於受刑人刑期屆滿前2月，向法院聲請強制治療之宣告。

第83條（釋放及其時間限制）

執行期滿者，除接續執行強制身心治療或輔導教育處分者外，應於其刑期終了之次日午前釋放之。

核准假釋者，應由監獄長官依定式告知出獄，給予假釋證書，並移送保護管束之監督機關。

受赦免者，除接續執行強制身心治療或輔導教育處分者外，應於公文到達後至遲24小時內釋放之。

第84條（保護事項之調查與辦理）

　　釋放後之保護事項，應於受刑人入監後即行調查，釋放前並應覆查。

　　前項保護，除經觀護人、警察機關自治團體、慈善團體及出獄人最近親屬承擔者外，關於出獄人職業之介紹、輔導、資送回籍及衣食、住所之維持等有關事項，當地更生保護團體應負責辦理之。

第85條（釋放前之準備事項）

　　因執行期滿釋放者，應於10日前調查釋放後之保護事項，及交付作業勞作金之方法，並將保管財物預為交還之準備。

第86條（釋放時應斟酌及應令使準備事項）

　　為釋放時，應斟酌被釋放者之健康，並按時令使其準備相當之衣類及出獄旅費。

　　前項衣類、旅費無法可籌時，應斟酌給與之。

　　被釋放者罹重病時，得斟酌情形，許其留監醫治。

第87條（病患釋放應通知之人或機關）

　　重病者、精神疾病患者、傳染病者釋放時，應預先通知其

家屬或其他適當之人。

精神疾病患者、傳染病者釋放時，並應通知其居住地或戶籍地之衛生主管機關及警察機關。

## 第88條（受刑人在監死亡之處理）

受刑人在監死亡，監獄長官應通知檢察官相驗，及通知其家屬，並報請監督機關備查。

## 第89條（屍體之處置）

死亡者之屍體經通知後24小時內無人請領者，埋葬之；如有醫院或醫學研究機關請領解剖者，得斟酌情形許可之。但生前有不願解剖之表示者，不在此限。

前項已埋葬之屍體經10年後得合葬，合葬前有請求領回者應許可之。

## 第90條（死刑之執行）

死刑用藥劑注射或槍斃，在監獄特定場所執行之。其執行規則，由法務部定之。

第31條第1項所列舉之期日，不執行死刑。

第91條（執行死刑之告知）

執行死刑，應於當日預先告知本人。

第92條（屍體處置規定之準用）

本法第89條之規定，於執行死刑之屍體準用之。

第93條（外役監之設置）

為使受刑人從事農作或其他特定作業，並實施階段性處遇，使其逐步適應社會生活，得設外役監；其設置另以法律定之。

第93條之1（施行細則之訂定）

本法施行細則，由法務部定之。

第93條之2（軍人監獄準用本法）

國防部所屬軍人監獄準用本法之規定。其適用範圍由國防部定之。

第94條（施行日）

本法自公布日施行。
第81條、第82條之1、第83條自中華民國95年7月1日施行。

# 附件三、行刑累進處遇條例

## 第1條（人之範圍）

依監獄行刑法第20條受累進處遇者，適用本條例之規定。

## 第2條（監獄行刑法之適用）

關於累進處遇之事項，本條例未規定者，仍依監獄行刑法之規定。

## 第3條（受刑人之調查）

對於新入監者，應就其個性，心身狀況、境遇、經歷、教育程度及其他本身關係事項，加以調查。

前項調查期間，不得逾2月。

## 第4條（調查之依據）

調查受刑人之個性及心身狀況，應依據醫學、心理學、教育學及社會學等判斷之。

## 第5條（調查資料之取得）

為調查之必要，得向法院調閱訴訟卷宗，並得請自治團

體、警察機關、學校或與有親屬、雇傭或保護關係者為報告。

第6條（調查表之記載）

調查事項，應記載於調查表。

第7條（調查期間內受刑人之管理）

調查期間內之受刑人，除防止其脫逃、自殺、暴行或其他違反紀律之行為外，應於不妨礙發見個性之範圍內施以管理。

第8條（分類調查之協力）

調查期間內，對於與受刑人接近之人，均應注意其語言動作，如發見有影響受刑人個性或心身狀況之情形，應即報告主管人員。

第9條（作業之強制）

調查期間內之受刑人，應按其情形使從事作業，並考察其體力，忍耐、勤勉、技巧、效率，以定其適當之工作。

第10條（累進處遇適應之決定）

調查完竣後，關於受刑人應否適用累進處遇，由典獄長迅予決定。其適用累進處遇者，應將旨趣告知本人；不適宜於累

進處遇者，應報告監務委員會議。

## 第11條（適用累進處遇受刑人之分類）

適用累進處遇之受刑人，應分別初犯、再犯、累犯，並依其年齡、罪質、刑期，及其他調查所得之結果為適當之分類，分別處遇。

受刑人調查分類辦法，由法務部定之。

## 第12條（不為分類之規定）

對於第1級第2級之受刑人，得不為前條之分類。

## 第13條（處遇之階級）

進處遇分左列4級，自第4級依次漸進：
第4級→第3級→第2級→第1級。

## 第14條（適當階級之進列）

受刑人如富有責任觀念，且有適於共同生活之情狀時，經監務委員會議之議決，得不拘前條規定，使進列適當之階級。

## 第15條（標籤佩帶）

各級受刑人應佩標識。

第16條（移入與階級）

受刑人由他監移入者，應照原級編列。

第17條（脫逃後再入監之階級）

因撤銷假釋或在執行中脫逃後又入監者，以新入監論。

第18條（移轉及文件之送交）

受刑人遇有移轉他監時，應將關於累進審查之一切文件，一併移轉。

第19條（責任分數）

累進處遇依受刑人之刑期及級別，定其責任分數如下：
前項表列責任分數，於少年受刑人減少1/3計算。
累犯受刑人之責任分數，按第一項表列標準，逐級增加其責任分數1/3。撤銷假釋受刑人之責任分數，按第1項表列標準，逐級增加其責任分數1/2。

第19條之1（假釋之撤銷規定1）

於中華民國86年11月28日刑法第77條修正生效前犯罪者，其累進處遇責任分數，適用83年6月8日修正生效之本條例第

19條規定。但其行為終了或犯罪結果之發生在86年11月28日後者，其累進處遇責任分數，適用86年11月28日修正生效之本條例第19條規定。

因撤銷假釋執行殘餘刑期，其撤銷之原因事實發生在86年11月28日刑法第79條之1修正生效前者，其累進處遇責任分數，適用83年6月8日修正生效之本條例第19條規定。但其原因事實行為終了或犯罪結果之發生在86年11月28日後者，其累進處遇責任分數，適用86年11月28日修正生效之本條例第19條規定。

## 第19條之2（假釋之撤銷規定2）

於中華民國86年11月28日刑法第77條修正生效後，95年7月1日刑法第77條修正生效前犯罪者，其累進處遇責任分數，適用86年11月28日修正生效之本條例第19條規定。但其行為終了或犯罪結果之發生在95年7月1日後者，其累進處遇責任分數，適用95年7月1日修正生效之本條例第19條規定。

因撤銷假釋執行殘餘刑期，其撤銷之原因事實發生在86年11月28日刑法第79條之1修正生效後，95年7月1日刑法第79條之1修正生效前者，其累進處遇責任分數，適用86年11月28日修正生效之本條例第19條規定。但其原因事實行為終了或犯罪結果之發生在95年7月1日後者，其累進處遇責任分數，適用95年7月1日修正生效之本條例第19條規定。

第20條（責任分數之分別記載）

各級受刑人每月之成績分數，按左列標準分別記載：

一、一般受刑人：

（一）教化結果最高分數4分。

（二）作業最高分數4分。

（三）操行最高分數4分。

二、少年受刑人：

（一）教化結果最高分數5分。

（一）操行最高分數4分。

（一）作業最高分數3分。

第21條（進級）

各級受刑人之責任分數，以其所得成績分數抵銷之，抵銷淨盡者，令其進級。

本級責任分數抵銷淨盡後，如成績分數有餘，併入所進之級計算。

第22條（進級決定之期日）

進級之決定，至遲不得逾應進級之月之末日。

前項決定，應即通知本人。

## 第23條（進級處遇之告知）

對於進級者，應告以所進之級之處遇，並令其對於應負之責任具結遵行。

## 第24條（假進級）

責任分數雖未抵銷淨盡，而其差數在1/10以內，操作曾得最高分數者，典獄長如認為必要時，得令其假進級，進級之月成績佳者，即為確定，否則令復原級。

## 第25條（記分表之給與）

對於受刑人應給以定式之記分表，使本人記載其每月所得之分數。

## 第26條（3、4級者之獨居）

第4級及第3級之受刑人應獨居監禁。但處遇上有必要時，不在此限。

## 第27條（2級以上者之夜間獨居）

第2級以上之受刑人，晝間應雜居監禁，夜間得獨居監禁。

## 第28條（1級者之收容場所及其處遇）

第1級受刑人，應收容於特定處所，並得為左列之處遇：

一、住室不加鎖。

二、不加監視。

三、准與配偶及直系血親在指定處所及期間內同住。

前項第3款實施辦法，由法務部定之。

## 第28條之1（刑期之縮短）

累進處遇進至第3級以上之有期徒刑受刑人，每月成績總分在10分以上者，得依左列規定，分別縮短其應執行之刑期：

一、第3級受刑人，每執行1個月縮短刑期2日。

二、第2級受刑人，每執行1個月縮短刑期4日。

三、第1級受刑人，每執行1個月縮短刑期6日。

前項縮短刑期，應經監務委員會決議後告知其本人，並報法務部核備。

經縮短應執行之刑期者，其累進處遇及假釋，應依其縮短後之刑期計算。受刑人經縮短刑期執行期滿釋放時，由典獄長將受刑人實際服刑執行完畢日期，函知指揮執行之檢察官。

第29條（1級少年受刑人離監之原因及許可）

　　第1級之少年受刑人，遇有直系血親尊親屬病危或其他事故時，得經監務委員會議決議，限定期間，許其離監。

　　前項許其離監之少年受刑人，在指定期間內未回監者，其在外日數不算入執行刑期。

第30條（工場整理者之選舉）

　　典獄長得使各工場之受刑人，於第2級受刑人中選舉有信望者若干人，由典獄長圈定，使其整理工場或從事其他必要任務。但每一工場不得超過2人。

第31條（2級受刑人之共同灑掃）

　　第2級受刑人至少每月1次從事監內之灑掃、整理事務，不給勞作金。

第32條（1級受刑人身體住室搜檢之免除）

　　對於第1級受刑人，非有特別事由，不得為身體及住室之搜檢。

第33條（1級受刑人散步之許可）

　　第1級受刑人於不違反監獄紀律範圍內許其交談，並在休息時間得自由散步於監獄內指定之處所。

第34條（1級受刑人代表制）

　　第1級受刑人為維持全體之紀律及陳述其希望，得互選代表。

　　前項代表人數至多不得逾3人，經受刑人加倍互選後由典獄長圈定之。

第35條（1級受刑人之責任及優待停止）

　　第1級受刑人關於其本級全體受刑人住室之整理及秩序之維持，對典獄長連帶負責。

　　前項受刑人有不履行責任者，得經監務委員會議之決議，於一定期間，對於其全體或一部，停止本章所定優待之一種或數種。

第36條（作業之強制）

　　受刑人於調查完竣後，應即使其作業。

第37條（4級、3級轉業之禁止）

　　第4級及第3級之受刑人不許轉業。但因處遇上或其他有轉業之必要時，不在此限。

第38條（4級、3級勞作金自用數額）

　　第4級受刑人，得准其於每月所得作業勞作金1/5範圍內，第3級受刑人於1/4受刑人自備作業用具之使用）

　　第2級受刑人，得使用自備之作業用具，並得以其所得之作業勞作金為購用之。

第40條（2級受刑人之作業指導輔助）

　　第2級受刑人如有技能而作業成績優良者，得使其為作業指導之輔助。

　　前項受刑人，得於作業時間外，為自己之勞作。但其勞作時間，每日2小時為限。

第41條（2級受刑人勞作金自用數額）

　　第2級受刑人，得准其於每月所得作業勞作金1/3範圍內，自由使用。

第42條（2級受刑人轉業之許可）

　　第2級受刑人作業熟練者，得許其轉業。

第43條（1級受刑人之無監視作業）

　　第1級受刑人作業時，得不加監視。

第44條（1級受刑人作業之指導輔助）

　　第1級受刑人中，如有技能而作業成績優良者，得使為作業之指導或監督之輔助。

第45條（1級受刑人勞作金自用數額）

　　第1級受刑人，得准其於每月所得作業勞作金1/2範圍內，自由使用。

第46條（1級受刑人使用自備作業用具規定之準用）

　　第39條、第40條第2項及第42條之規定，於第一級受刑人準用之。

第47條（個別教誨）

　　對於第1級及第4級之受刑人，應施以個別教誨。

第48條（3級受刑人收聽收音機留聲機之許可）

　　第3級以上之受刑人，得聽收音機及留聲機。

第49條（2級受刑人以上之集會）

　　第2級以上之受刑人得為集會。但第2級每月以1次，第1級每月以2次為限。

　　少年受刑人得不受前項限制。

　　集會時，典獄長及教化科職員均應到場。

第50條（一級受刑人之圖書閱讀）

　　第1級之受刑人，許其在圖書室閱覽圖書。

　　圖書室得備置適當之報紙及雜誌。

第51條（2級以上受刑人閱讀自備書籍之許可）

　　第2級以上之受刑人，於不違反監獄紀律範圍內，許其閱讀自備之書籍；對於第3級以下之受刑人，於教化上有必要時亦同。

第52條（2級受刑人以上之競技等）

　　第2級以上之受刑人，得使其競技、遊戲或開運動會。但

第2級每月以1次，第1級每月以2次為限。

少年受刑人，得不受前項之限制。

第53條（2級受刑人以上照片之配置）

第2級以上受刑人之獨居房內，得許其置家屬照片；如教化上認為有必要時，得許其置家屬以外之照片。

第54條（4級受刑人之接見、通信之範圍）

第4級受刑人，得准其與親屬接見及發受書信。

第55條（3級以上受刑人之接見及通信範圍）

第3級以上之受刑人，於不妨害教化之範圍內，得准其與非親屬接見，並發受書信。

第56條（接見、通信之次數）

各級受刑人接見及寄發書信次數如左：

一、第4級受刑人每星期1次。

二、第3級受刑人每星期1次或2次。

三、第2級受刑人每3日1次。

四、第1級受刑人不予限制。

## 第57條（接見之場所）

第2級以下之受刑人，於接見所接見。

第1級受刑人，得准其於適當場所接見。

## 第58條（2級以上受刑人之無監視接見）

第2級以上之受刑人，於接見時，得不加監視。

## 第59條（接見及寄發書信之特准）

典獄長於教化上或其他事由，認為必要時，得准受刑人不受本章之限制。

## 第60條（基本食物）

受刑人之飲食及其他保持健康所必需之物品，不因級別而有差異。

## 第61條（1級受刑人普通衣服之著用）

第1級受刑人，得准其著用所定之普通衣服。

## 第62條（花卉書畫之備置）

第1級受刑人，得准其在住室內備置花草或書畫；對於第2

級以下之少年受刑人亦同。

第63條（共同食器之供用）

對於第1級受刑人，得供用共同食器或其他器具；第2級以下之少年受刑人亦同。

第64條（自用物品之範圍）

依本條例所得自由使用之物品，以經法務部核定者為限。

前項物品之種類及數量，由典獄長依其級別定之。

第65條（累進處遇審查會之設置及審查事項）

監獄設累進處遇審查會，審查就交付監務委員會會議之累進處遇事項。

累進處遇審查會審查受刑人之個性、心身狀況、境遇經歷、教育程度、人格成績及其分類編級、進級降級等事項，並得直接向受刑人考詢。

第66條（累進處遇審查會之組織）

累進處遇審查會以教化科、調查分類科、作業科、衛生科、戒護科及女監之主管人員組織之，由教化科科長擔任主席，並指定紀錄。

## 第67條（2級以上受刑人獨居之報請）

累進處遇審查會認為第2級以上之受刑人有獨居之必要時，應聲敘理由，報請典獄長核准。但獨居期間不得逾1月。

## 第68條（開會及表決）

累進處遇審查會每月至少開會1次，其審查意見取決於多數。

前項審查意見，應速報告典獄長，提交監務委員會議。

## 第69條（停止進級及降級）

受刑人違反紀律時，得斟酌情形，於2個月內停止進級，並不計算分數；其再違反紀律者，得令降級。

前項停止進級期間，不得縮短刑期；受降級處分者，自當月起，6個月內不予縮短刑期。

## 第70條（停止進級之猶豫及宣告）

應停止進級之受刑人，典獄長認為情有可恕，得於一定期間內，不為停止進級之宣告。但在指定期間內再違反紀律者，仍應宣告之。

第71條（停止進級處分之撤銷）

被停止進級之受刑人於停止期間有悛悔實據時，得撤銷停止進級之處分被降級之受刑人有悛悔實據時，得不按分數令復原級，並重新計算分數。

第72條（降級）

留級之受刑人有紊亂秩序之情事者，得予降級。

第73條（累進處遇之例外）

在最低之受刑人有紊亂秩序情事，認為不適宜於累進處遇者，得不為累進處遇。

第74條（處分之決定）

關於本章之處分，由監務委員會會議議決之。

第75條（1級受刑人之假釋）

第1級受刑人合於法定假釋之規定者，應速報請假釋。

第76條（2級受刑人之假釋）

第2級受刑人已適於社會生活，而合於法定假釋之規定

者，得報請假釋。

第76條之1（施行細則之訂定）

　　本條例施行細則，由法務部定之。

第77條（施行日）

　　本條例自公布日施行。

　　本條例中華民國95年5月19日修正之第19條、第19條之1及第19條之1，自中華民國95年7月1日施行。

# 附件四、法務部矯正署監獄組織準則

第1條

法務部矯正署為辦理刑罰執行業務，特設各監獄。

第2條

法務部矯正署得視監獄之容額、教化處遇或安全管理上需要，擬訂分類基準。

第3條

監獄掌理下列事項：

一、受刑人之調查分類。

二、受刑人之教化。

三、受刑人之作業。

四、受刑人之衛生保健。

五、受刑人之戒護管理。

六、受刑人之名籍、給養及保管。

七、其他有關監獄管理事項。

第4條

　　監獄置典獄長一人，職務列薦任第九職等至簡任第十職
等。但容額在一千人以上二千人未滿之監獄，其典獄長職務列
簡任第十職等至第十一職等；容額在二千人以上之監獄，其典
獄長職務列簡任第十一職等至第十二職等。

　　前項但書規定之監獄並得置副典獄長一人，職務分列薦任
第八職等至第九職等及薦任第九職等至簡任第十職等。

　　外役監得置副典獄長一人，職務列薦任第八職等至第九
職等。

第5條

　　監獄置秘書，職務列薦任第八職等至第九職等。

第6條

　　監獄各職稱之官等職等或級別及員額，另以編制表定之。
　　各職稱之官等職等，依職務列等表之規定。

第7條

　　監獄得置正訓練師、副訓練師、助理訓練師，由典獄長聘
任之。

前項人員之聘任資格及待遇，準用職業訓練法及其有關規定辦理。

第8條

本準則自中華民國100年1月1日施行。

# 參考資料

就《黑暗的角落——獄政管理「矯正教化與假釋更生」施行之改革【增訂版】》著作之彙編，作者參考爰引之著作與資料等列敘如下：

## 中文資料

1、丁道源，《中外假釋制度之比較研究》，中央文物供應社，76年
2、丁道源，〈談老人犯罪問題〉，《警學叢刊》，第36卷第3期，第8頁
3、林山田，〈刑法改革與刑事立法政策〉，《月旦法學》第92期，65-67頁
4、林山田，《刑罰學》，台灣商務書局，94年
5、林山田，〈各種刑罰理論及其批判〉，《刑事法學雜誌》第17卷第3期

6、許福生，《刑事政策學》，94年作者自版

7、余振華，《刑法違法行理論》，99年作者自版

8、林茂榮／楊士隆，《監獄學犯罪矯正原理與實務（新版）》，五南，95年

9、林茂榮／黃維賢，《89年獄政工作實錄》，法務部矯訓所，第266頁。

10、林紀東，《刑事政策》，國立編譯館，89年

11、楊士隆／吳正坤，〈矯正署必要性之探討〉，《矯正協會會刊》93年，第7-20頁。

12、林明傑，〈暴力加害人之危險評量表〉，《犯罪學期刊》第2期177-215頁。

13、林明傑／沈勝昂93年，《法律犯罪心理學》，雙葉，93年。

14、吳憲璋／黃昭正，〈如何加強受刑人教化工作之研究〉，法務部78年。

15、邱明偉，《青少年犯罪預防與對策研討會論文集》，中正大學，95年140頁

16、柯耀程，〈刑法提高刑度及累犯修法之評釋〉，《月旦法學》92期，頁70。

17、柯耀程，《變動中的刑法思想》，88年作者自版。

18、法務部，〈監所管理人員工作環境探討與建議〉，法務部矯正司，86年

19、法務部,法務部網站新聞發布資料,95年5月27日摘錄。
http://www.moj.gov.tw/ct.asp?xItem=27527&ctNode=79

20、趙晞華,〈詴評我國當前之刑事政策～以寬嚴並進的刑事
政策及死刑為中心〉,國家政策研究基金會研究報告,
95年5月27日摘錄。http://www.npf.org.tw/PUBLICATION/
CL/092/CL-R-092-043.htm

21、楊士隆／林健陽,監獄受刑人擁擠問題之實證研究,行
政院國家科學專題研究計畫成果報告,84年。

## 英文資料

1、Aaday, Ronald H. (1976) Institutional Dependence: A Theory
of Aging in Ph.D. dissertation, Oklahoma State University.

2、Chen, E. (2001) Impact of three strikes and truth in sentencing
on 24 the volume and composition of correctional population,
National Institute of Justice.

3、Criminal justice Institute, Inc (2003), The 2002 Corrections
Yearbooks: Adult corrections.

4、Fox, V. B., & Stinchcomb, J. B. (1999). Introduction to corrections.
Upper Saddle River, NJ:Prentice Hall.

5、 Joyce,N. M. (1992) A view of the future: The effect of policy on population growth. Crime and Delinquency. 38:3, 357-368.

6、 Flanagan, T. J. (1999). Adaptation and adjustment among long-term risoners.

7、 Manuscript (unpublished) Mays, G.L., & Winfree, L. T. (2002). Contemporary corrections. Belmont, CA: Wadsworth Publishing Company.

8、 Porporino, F. (1997). Differences in response to long-term imprisonment: Implication for the management of long-term offenders. Forum on rrections research, 9(3), 12.

9、 Reichel, P. L. (1997). Corrections: philosophy, practices, and procedures.St. Paul, MN: West Publishing Company.

10、 Zamble, E. & Porporino, F. J.(1990). Coping, imprisonment and rehabilitation: Some date and their implications.

社會科學類　PF0211　Viewpoint25

# 黑暗的角落
## ——獄政管理「矯正教化與假釋更生」施行之改革【增訂版】

作　　者／王健驊
責任編輯／辛秉學
圖文排版／楊家齊
封面設計／王嵩賀

發 行 人／宋政坤
法律顧問／毛國樑　律師
出版發行／秀威資訊科技股份有限公司
　　　　　114台北市內湖區瑞光路76巷65號1樓
　　　　　電話：+886-2-2796-3638　傳真：+886-2-2796-1377
　　　　　http://www.showwe.com.tw
劃撥帳號／19563868　戶名：秀威資訊科技股份有限公司
　　　　　讀者服務信箱：service@showwe.com.tw
展售門市／國家書店（松江門市）
　　　　　104台北市中山區松江路209號1樓
　　　　　電話：+886-2-2518-0207　傳真：+886-2-2518-0778
網路訂購／秀威網路書店：http://www.bodbooks.com.tw
　　　　　國家網路書店：http://www.govbooks.com.tw

2017年7月　BOD增訂一版
定價：480元
版權所有　翻印必究
本書如有缺頁、破損或裝訂錯誤，請寄回更換

國家圖書館出版品預行編目

黑暗的角落：獄政管理「矯正教化與假釋更生」施行之改革.
　增訂版 / 王健驊著.
　-- 增訂一版. -- 臺北市：秀威資訊科技, 2017.07
　　面；　公分
　BOD版
　ISBN 978-986-326-443-9(平裝)

　1. 刑事訴訟法　2. 獄政　3. 獄政法規

589.8　　　　　　　　　　　　　　　　106010538

# 讀者回函卡

感謝您購買本書，為提升服務品質，請填妥以下資料，將讀者回函卡直接寄回或傳真本公司，收到您的寶貴意見後，我們會收藏記錄及檢討，謝謝！
如您需要了解本公司最新出版書目、購書優惠或企劃活動，歡迎您上網查詢或下載相關資料：http:// www.showwe.com.tw

您購買的書名：_____

出生日期：_____年_____月_____日

學歷：□高中 (含) 以下    □大專    □研究所 (含) 以上

職業：□製造業  □金融業  □資訊業  □軍警  □傳播業  □自由業
　　　□服務業  □公務員  □教職  　□學生  □家管  　□其它_____

購書地點：□網路書店  □實體書店  □書展  □郵購  □贈閱  □其他

您從何得知本書的消息？

　　□網路書店  □實體書店  □網路搜尋  □電子報  □書訊  □雜誌

　　□傳播媒體  □親友推薦  □網站推薦  □部落格  □其他_____

您對本書的評價：(請填代號  1.非常滿意  2.滿意  3.尚可  4.再改進)

　　封面設計____  版面編排____  內容____  文／譯筆____  價格____

讀完書後您覺得：

　　□很有收穫  □有收穫  □收穫不多  □沒收穫


對我們的建議：_____

_____

_____

_____

11466
台北市內湖區瑞光路 76 巷 65 號 1 樓

**秀威資訊科技股份有限公司**　　　收

BOD 數位出版事業部

........................................................................

（請沿線對折寄回，謝謝！）

姓　　名：_____　年齡：_____　性別：□女　□男

郵遞區號：□□□□□

地　　址：_____

聯絡電話：(日) _____ (夜) _____

E-mail：_____